Pompes à force centrifuge

B^{tés} S. G. D. G.

DÉBIT CONSIDÉRABLE.

Économie d'acquisition de plus de 50 %.

DÉTÉRIORATION NULLE.

...AILLE D'OR

...CE, 1865.

MÉDAILLE D'OR.

ROANNE, 1864.

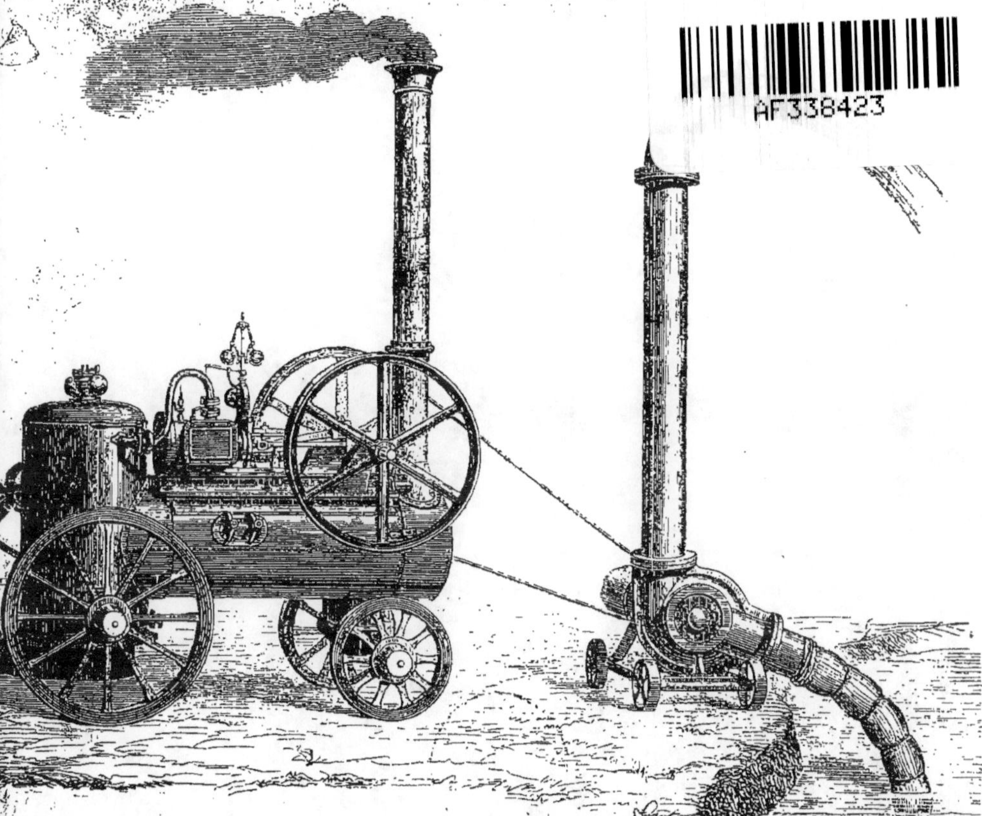

L. NEUT et L. DUMONT,

114, BOULEVARD DU PRINCE-EUGÈNE, PARIS; — 64, RUE DE FIVES, LILLE.

...rnisseurs de l'Exposition universelle de 1867,

DES PONTS-ET-CHAUSSÉES, — DE LA MARINE IMPÉRIALE,
SUEZ, — DU CANAL SAINT-LOUIS, — DES MANUFACTURES IMPÉRIALES DES TABACS, ETC., ETC.

SUPÉRIORITÉ ET ÉCONOMIE CONSACRÉES PAR 1,600 APPLICATIONS.

LILLE. — IMPRIMERIE L. DANEL.

DESCRIPTION DE LA POMPE.

L'organe essentiel des pompes à force centrifuge est une sorte de ventilateur ou turbine à aubes ou palettes, courbes ou planes, installées obliquement. L'obliquité des palettes et la force centrifuge née d'un mouvement de rotation extrêmement rapide repoussent avec force, vers la circonférence, l'eau qui entre par le centre de la roue, et la refoulent dans un tuyau d'ascension où elle s'élève à une hauteur d'autant plus grande que le moteur qui met les roues en mouvement est plus puis-

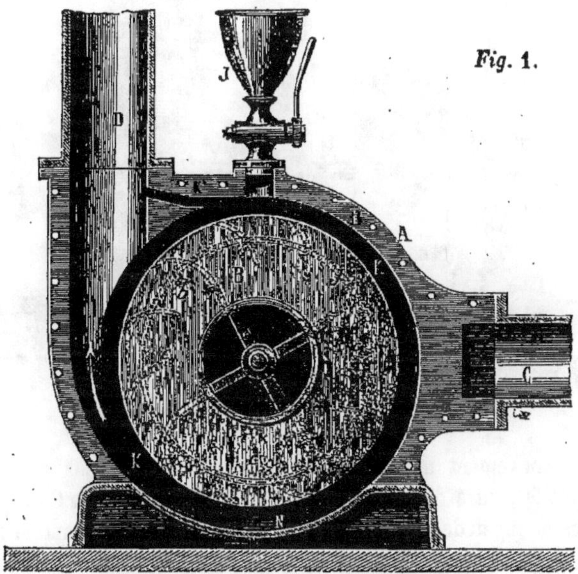

Fig. 1.

sant. En même temps, le départ de l'eau fait naître autour de l'axe de la roue une diminution de pression ou un vide que l'eau du réservoir inférieur tend à combler; de l'eau nouvelle remplace celle qui est partie, et elle est refoulée à son tour; la pompe centrifuge fait ainsi fonction à la fois de pompe aspirante et foulante, à déversement continu. La hauteur d'aspiration comme celle de refoulement est d'ailleurs proportionnelle à la vitesse de la roue à aubes ou turbine. La forme des aubes, ainsi que celle de l'enveloppe de la roue exercent une grande influence sur l'effet utile ou débit de la pompe. Nous croyons avoir atteint, au moyen de nos perfectionnements, les meilleurs résultats qu'il soit possible d'obtenir.

Les deux gravures 1 et 2 représentent une élévation de face et une élévation longitudinale de la pompe avec coupes.

Le corps de la pompe est composé de deux coquilles MM, réunies par des boulons, et renfermant une roue à aubes calée sur un arbre qui traverse un presse-étoupes FF ; cet arbre est muni à son extrémité d'une poulie G, laquelle

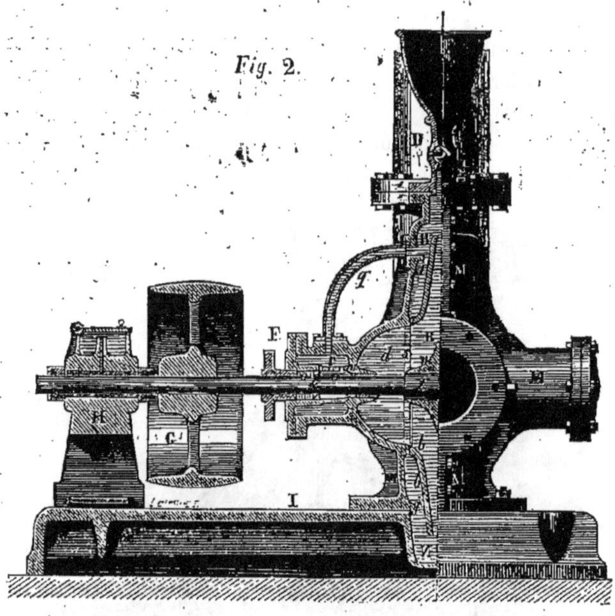

reçoit son mouvement d'un moteur quelconque ; *dd* sont deux conduits communiquant avec le centre de la roue à aubes, et se réunissant en C au tuyau d'aspiration. D est le tuyau de refoulement, qui peut s'élever à une hauteur très-grande.

Par la rotation de l'arbre, l'eau qui se trouve entre les aubes de la roue est projetée à la circonférence, d'où elle s'échappe par le tuyau D ; en même temps par suite du vide qui se produit au centre l'eau est aspirée et se dirige par les deux conduits *dd* qui se réunissent en C au tuyau-d'aspiration.

Résumé des principaux perfectionnements apportés à la construction de nos pompes.

1° *Cloisons annulaires.* — Par l'emploi de ces cloisons j, l'eau refoulée est forcée de suivre le conduit annulaire K, K, dont la section va constamment en s'agrandissant ; elle ne forme plus, dans la masse d'eau enfermée entre les coquilles, les violents remous qui se traduisaient en perte de force vive dans les anciennes pompes centrifuges.

2° *Abaissement notable de l'axe de la pompe* — L'espèce de caisse N, venue de fonte avec la plaque de fondation, prolonge la cavité formée par les coquilles qui y pénètrent en partie ; la distance de l'axe aux points d'attache de la plaque est ainsi réduite de près de moitié. Il en résulte, pour tout le système, une rigidité beaucoup plus grande, qui est nécessaire quand il s'agit d'élever l'eau à de grandes hauteurs.

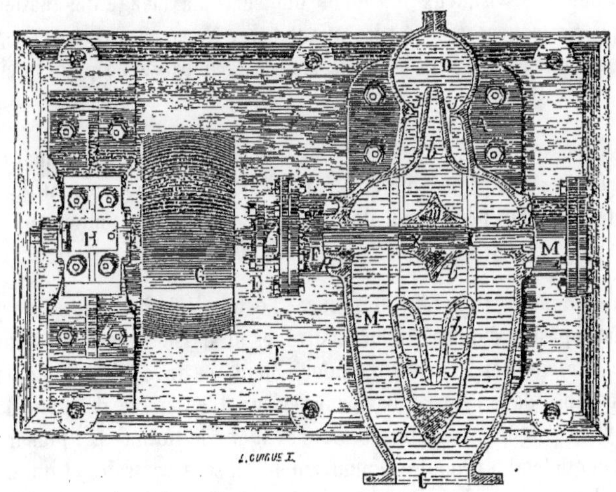

3° *Boîte à étoupe parfaitement purgée d'air.* — La nouvelle boîte à étoupe est divisée en deux compartiments séparés par une bague métallique ; la première chambre renferme la garniture d'étoupe, la seconde est mise en communication avec une troisième chambre supérieure, par un tuyau constamment rempli d'eau pressée par toute la colonne de refoulement. Si donc, par une cause quelconque, insuffisance d'eau ou étranglement passager dans la conduite, il se produit un vide, le vide aspirera non de l'air, mais de l'eau, et parce que l'arbre est exactement ajusté dans sa douille, la quantité d'eau appelée par là est toujours moindre que celle fournie par le tuyau qui alimente la troisième chambre. Il résulte de ces dispositions que toute rentrée d'air dans la boîte à étoupe est rendue impossible.

4° Amorcement spontané sans qu'il soit nécessaire de mettre la pompe au repos. — Il peut arriver que le clapet de pied se découvre, alors que la pompe puise plus d'eau qu'il n'en arrive, l'air fait irruption dans la colonne d'aspiration, et quand il a envahi le centre de la pompe, celle-ci fonctionne moins régulièrement. Pour éviter cet inconvénient, il a suffi de percer deux trous s, s, qui mettent le centre d'aspiration en communication avec l'intérieur de la chambre formée par les coquilles, et dans laquelle l'eau se trouve à la pression du refoulement. Une partie de l'air introduit s'échappe tout d'abord, en vertu de sa légèreté, par les trous s et s; l'eau pressée par la colonne de refoulement entre alors par ces trous et prend la place de l'air restant, qu'elle force à s'échapper au travers de la turbine. Toute la masse d'air est ainsi promptement expulsée, et la pompe recommence à fonctionner sans qu'il ait été nécessaire de l'arrêter. Cet effet se produit même lorsque la colonne d'aspiration s'est complètement vidée, pourvu que le volume d'eau qui se trouve au-dessus soit supérieur au volume de l'air envahissant.

6° Regards pour le nettoyage. — Les regards sont indispensables lorsque les liquides sont denses et visqueux, ou qu'ils ont servi au lavage des matières filamenteuses qui s'attachent aux parties anguleuses. Nous en avons ménagé trois heureusement placés, deux pour la partie centrale, un troisième pour la circonférence.

7° Roues à friction. — Elles servent à la transmission du mouvement dans les cas où il y a danger à imprimer directement à la pompe un mouvement de rotation suffisamment rapide, et permettent de réduire le nombre de tours dans un rapport convenable.

8° Pompe syphon. — Pour n'avoir à élever l'eau qu'à la hauteur utile, quand il s'agit de la faire passer d'un bassin inférieur dans un bassin supérieur, nous avons eu la pensée de recourber le tuyau de refoulement, et de le faire plonger par son extrémité recourbée dans l'eau du bassin supérieur. L'ensemble du tuyau d'aspiration et du tuyau de refoulement forme alors syphon; la turbine n'a plus à vaincre que la pression qui tend à produire le mouvement en sens contraire et qui est due à la différence des niveaux. L'ouverture du tuyau de refoulement est munie, d'ailleurs, d'une porte que l'on ferme pour emplir toute la conduite d'eau avant de mettre en marche.

Résumé des avantages de la pompe.

1° Son montage peut se faire en quelques heures par un ouvrier quelconque;

2° Son mouvement est continu, elle n'a aucun des organes qui, dans les autres pompes à mouvements alternatifs, occasionnent des pertes considérables par les chocs et les ébranlements, qui sont parfois très-intenses et nuisent plus ou moins à la bonne marche et à la conservation des machines motrices :

3° Comparativement à la force employée, elle débite une quantité de liquide beaucoup plus considérable que toute autre pompe;

4° Sa construction simple et solide rend toute détérioration impossible;

5° Son petit volume la rend très-favorable aux installations et aux déplacements (une pompe débitant 1,200 hectolitres à l'heure ne pèse que 200 kilogrammes);

6° Le sable, le gravier, la boue et autres corps étrangers qui déterminent la détérioration rapide des autres pompes, n'altèrent nullement son mécanisme;

7° Elle n'exige aucune fondation, n'ayant dans son fonctionnement aucun mouvement de vibration;

8° Facilité avec laquelle on peut augmenter son débit en accélérant sa vitesse.

En résumé, cette pompe réunit à elle seule tous les avantages des meilleures machines hydrauliques, avantages consacrés par plus de 1,600 applications.

ATTESTATIONS.

MINISTÈRE DES TRAVAUX PUBLICS.

Calais, le 11 octobre 1865.

L'Ingénieur ordinaire des Ponts-et-Chaussées chargé du service du port de Calais, certifie avoir reconnu dans les travaux d'abaissement du radier de l'écluse du bassin à flot, exécutés en 1864-65, la supériorité des pompes centrifuges perfectionnées de la maison Neut et Dumont, sur les autres pompes à force centrifuge.

Cette supériorité marquée a été constatée avec deux pompes débitant ensemble 300 litres par seconde.

Le clapet à double boîte avec regard de cette pompe étant placé au-dessus de l'eau peut toujours être visité et dégagé au besoin, son mode de fermeture empêche la pompe de se désamorcer, de sorte qu'on peut toujours, avec cet appareil, en marchant lentement, entretenir un épuisement quand la quantité d'eau qui se rend au puisard est faible.

J. ARON,
Ingénieur des Ponts-et-Chaussées, à Calais.

Dunkerque, le 27 septembre 1866.

MESSIEURS L. NEUT ET L. DUMONT.

J'ai l'honneur de vous adresser ci-joint, en double expédition, le procès-verbal de réception définitive de la pompe que vous nous avez livrée, et qui remplit parfaitement les conditions de votre soumission du 12 mars 1866.

J'ai été satisfait de la marche de cet appareil, et il est probable que je vous en demanderai un second, de force un peu moindre, dans quelques mois.

A. PLOCQ,
Ingénieur des Ponts-et-Chauss., à Dunkerque.

Lille, le 26 septembre 1865.

Je soussigné, Ingénieur en chef des Ponts-et-Chaussées, directeur du service de la voirie municipale, certifie avoir employé une pompe de MM. Neut et Dumont d'environ 100 litres par seconde, et avoir été satisfait de la manière dont elle a fonctionné.

J. LEMAITRE,
Ingén. des Ponts-et-Chauss., à Lille.

Lille, le 6 avril 1865.

Le soussigné, Ingénieur des Ponts-et-Chaussées, en résidence à Lille, certifie avoir employé les pompes centrifuges de MM. Neut et Dumont pour des travaux exécutés sous mes ordres dans les sources d'Emmerin et dans celles du canal de Seclin, et que ces épuisements importants ont été exécutés à son entière satisfaction.

MENCHE DE LOISNE,
Ing. du Serv. Hydraulique et de la Navig.

Douai, le 21 juillet 1863.

L'Ingénieur ordinaire de l'arrondissement de Douai certifie avoir employé dans ses travaux quatre pompes centrifuges de la maison Neut et Dumont, et avoir été très-satisfait de la manière dont elles fonctionnent. Elles s'adaptent aux machines locomobiles sans transmission de mouvement autre qu'une courroie. Elles sont faciles à installer et à déplacer. Elles ne présentent aucun organe délicat susceptible de s'altérer par le passage des corps étrangers que l'eau entraîne après elle. Enfin elles déchargent une quantité d'eau plus considérable qu'aucune autre pompe.

BERTIN,
Ingénieur des Ponts-et-Chaussées, à Douai.

Dieppe, le 12 mars 1867.

L'Ingénieur soussigné certifie qu'une pompe centrifuge nouveau modèle, fournie par MM. Neut et Dumont, pour les travaux d'épuisement de la nouvelle écluse en construction, au port de Dieppe, a donné un débit de 3,500 litres par minute, à 7 mètres 50 de hauteur d'élévation, aux essais qui ont été faits le 6 février 1867, et que, depuis cette époque jusqu'à ce jour, cette pompe n'a cessé de fonctionner d'une manière satisfaisante.

LAVOINE,
Ingénieur des Ponts-et-Chaussées, à Dieppe.

IRRIGATIONS. — ÉPUISEMENTS.

Ismaïlia (Égypte), le 15 janvier 1867.

MESSIEURS L. NEUT ET L. DUMONT.

J'ai l'honneur de vous informer que les pompes centrifuges que vous avez fournies à la Compagnie pour ses travaux, en décembre 1865, ont fonctionné jusqu'à ce jour, d'une manière satisfaisante.

Le Directeur général des Travaux de la Compagnie universelle du Canal de Suez, à Ismaïlia (Égypte),
VOISIN.

Lancosme, le 5 avril 1866.

MESSIEURS L. NEUT ET L. DUMONT.

Votre pompe marche très-bien; j'en suis très-satisfait.

MESROUZE.
à Lancosme.

Paris, le 23 septembre 1865.

Je soussigné, Architecte de la Société Générale, déclare avoir employé les pompes de MM. Neut et Dumont pour des épuisements importants et n'avoir eu qu'à m'en louer. En foi de quoi je leur ai délivré le présent certificat.

BOUCHOT,
Architecte de la Société Générale pour favoriser le Commerce et l'Industrie, à Paris.

Boulogne, 8 août 1865.

MESSIEURS L. NEUT ET L. DUMONT.

Je me fais un plaisir de vous informer que votre pompe fonctionne toujours d'une manière satisfaisante et que son débit régulier est d'environ 180 à 200 mèt. cubes à l'heure.

DÉTHIÈRE,
Architecte voyer de la ville de Boulogne.

Romorantin, le 28 mars 1857.

MESSIEURS L. NEUT ET L. DUMONT.

La pompe à force centrifuge que, sur ma demande, vous avez envoyée à Romorantin, pour le compte de M. Jouanneau, a toujours fonctionné de la manière la plus satisfaisante et sans avoir besoin de réparations, ce qui est très-important quand il s'agit d'épuisements.

Elle nous a vraiment rendu de grands services et je m'empresse de le reconnaître.

GOUDÉ,
Conducteur des Ponts-et-Chauss., à Romorantin.

SUCRERIES, DISTILLERIES & RAFFINERIES.

Francières, le 19 février 1865.

MESSIEURS L. NEUT ET L. DUMONT.

Je viens vous dire que je suis satisfait de la marche de votre pompe que j'ai employée à envoyer les eaux de dégraissage de mes filtres à noir, sur la rape.

Pour BACHOUX,
Le Directeur de l'usine de Francières,
J. CUISINIER.

Saint-Amand. le 24 août 1853.

MESSIEURS L. NEUT ET L. DUMONT.

Je m'empresse de vous dire que tout ce que vous m'avez promis s'est réalisé complètement, à propos de votre pompe ; elle marche admirablement, rendant une quantité d'eau considérable, bien plus forte que celle dont j'ai besoin, mais elle me prend si peu de force pour marcher que peu m'importe que mon tuyau de trop plein coule à plein bord constamment.

En somme, cet instrument ne laisse rien à désirer, et je m'empresse de vous en donner l'attestation qu'il vous sera toujours agréable de recevoir.

P. MOTTEZ,
Gérant de la Sucrerie de MM. C. et A. Bayard de la Vingtrie, à Saint-Amand.

Flagny, le 8 janvier 1864.

MESSIEURS L. NEUT ET L. DUMONT.

Nous nous empressons de vous dire que la pompe centrifuge que vous nous avez fournie a satisfait de la manière la plus complète. Nous l'avons employée pendant toute notre campagne sucrière et elle ne nous a pas fait défaut un seul instant. Nous croyons très-sincèrement que c'est aujourd'hui le meilleur et le plus simple de tous les systèmes de pompes hydrauliques employées dans l'industrie

Nous sommes heureux de pouvoir vous donner cette attestation.

BERRARD frères et LEQUIME,
Fabricants de Sucre, à Flagny.

Roye, le 20 mars 1867.

MESSIEURS L. NEUT ET L. DUMONT.

La pompe que vous m'avez fournie est employée pour élever l'eau chaude venant des condenseurs des appa-

reils sur un refroidisseur à fascines, je déclare que sa marche est très-satisfaisante.

H. BERTIN,
Fabricant de Sucre, à Roye.

Bernes, le 24 mars 1857.

MESSIEURS L. NEUT ET L. DUMONT.

Nous sommes heureux de vous annoncer que la pompe No 2, que vous nous avez vendue l'année dernière, fonctionne parfaitement.

BLANCHART et Cie.,
Fabricants de Sucre, à Bernes.

Haubourdin, le 28 mars 1867.

MESSIEURS L. NEUT ET L. DUMONT.

Nous avons la satisfaction de vous dire que la marche de notre pompe centrifuge ne laisse rien à désirer.

AD. BONZEL ET Cie.,
Distillateurs, à Haubourdin.

Ravenel, 28 mars 1857.

MESSIEURS I. NEUT ET L. DUMONT.

La pompe centrifuge que vous nous avez vendue en août dernier fonctionne dans notre établissement depuis le mois de novembre à notre entière satisfaction.

BOUCHÉ ET Cie.,
Fabricants de Sucre, à Ravenel.

Remy, 15 février 1865.

MESSIEURS L. NEUT ET L. DUMONT.

Nous avons le plaisir de vous annoncer que nous sommes complètement satisfaits de la pompe que vous nous avez vendue.

BOURDON ET Cie.,
Sucrerie, à Remy.

Vendegies-sur-Ecaillon, le 21 mars 1857.

MESSIEURS L. NEUT ET L. DUMONT.

Vous me demandez mon appréciation sur la pompe centrifuge que vous m'avez fournie il y a trois ans. Cette pompe, depuis son installation, n'a cessé de fonctionner à mon entière satisfaction. Je suis heureux de pouvoir vous en envoyer le témoignage.

AM. BRACQ,
Fabr. de Sucre, à Vendegies-s.-Ecaillon.

Mazingarbe, le 20 mars 1867.

MESSIEURS L. NEUT ET L. DUMONT.

Nous avons l'honneur de vous informer que la pompe centrifuge que vous nous avez fournie fonctionne parfaitement. Veuillez agréer nos témoignages de satisfaction et nos salutations empressées.

L. BRASME ET Cie.,
Sucrerie indigène, à Mazingarbe.

Pontru, le 9 octobre 1865.

MESSIEURS L. NEUT ET L. DUMONT.

Nous avons le plaisir de vous informer que la pompe centrifuge que vous vous avez livrée fonctionne parfaitement.

L. BOCQUET ET Cie.,
Sucrerie, à Pontru.

Lambres, le 22 mars 1867.

MESSIEURS L. NEUT ET L. DUMONT.

Nous avons l'honneur de vous informer que la pompe que vous nous avez fournie le 19 septembre 1863, fonctionne dans notre usine depuis cette époque à notre entière satisfaction.

Nous avons donc le plaisir de pouvoir attester que votre pompe nous a rendu jusqu'aujourd'hui tous les services que nous en attendions.

GAMBIER FRÈRES,
Fabricants de Sucre, à Lambres.

Wambrechies, 14 janvier 1864.

MESSIEURS L. NEUT ET L. DUMONT.

Je viens vous exprimer toute ma satisfaction pour la pompe centrifuge que vous avez montée dans mon établissement.

Depuis les six mois que cette pompe fonctionne, elle ne s'est pas dérangée. Je suis heureux, Messieurs, de pouvoir vous donner cette attestation et vous prie d'agréer mes bien sincères salutations.

CLAYSSENS-RICHEBÉ,
Distillateur, à Wambrechies.

Nous soussignés, Fabricants de sucre indigène à Rue (Somme) et à Verton (Pas-de-Calais), certifions que les deux pompes centrifuges qui nous ont été fournies par MM. L. NEUT et L. DUMONT ont fonctionné à notre entière satisfaction pendant toute la campagne dernière.

Paris, 31 mars 1867.

A. CORBLET ET Cie.,
Fabricants de Sucre, à Paris.

Oisy, le 30 mars 1867.

MESSIEURS L. NEUT ET L. DUMONT.

Je suis heureux de pouvoir vous confirmer ce que je vous ai déjà écrit relativement aux trois pompes centrifuges que vous avez livrées à la sucrerie d'Oisy, appartenant à la société de Beffroy et Cie., et à la sucrerie de Villers-las-Guise m'appartenant personnellement. La marche de ces pompes est excellente et me donne toute satisfaction.

A. DE BEFFROY,
Fabrique de sucre, à Oisy.

Douai, 9 août 1864.

MESSIEURS L. NEUT ET L. DUMONT.

Nous avons l'honneur de vous informer que nous nous servons de votre appareil depuis le mois de janvier dernier, et que nous sommes complètement satisfaits de la manière dont il fonctionne.

A. CUILLER, C. GIROUD ET Cie.,
Raffinerie, Distillerie centrale de Douai.

Chevresis, le 11 octobre 1865.

MESSIEURS L. NEUT ET L. DUMONT.

Vous nous avez fourni, l'an dernier, une pompe centrifuge dont nous avons été très-satisfaits, elle nous a rendu et nous rend de grands services. Nous vous en avons demandé une pour Crépy (Decroix-Belseur et Cie.), nous l'attendons avec impatience, en ayant le plus grand besoin.

DECROIX-VIÉVILLE ET Cie.,
Fabricants de Sucre, à Chevresis.

Cambrai, le 2 avril 1867.

MESSIEURS L. NEUT ET L. DUMONT.

Nous venons vous informer que la pompe centrifuge que vous nous avez fournie, a bien marché jusqu'ici et que nous en sommes entièrement satisfaits; nous n'y voyons encore aucune réparation à faire.

L. DEHOLLAIN ET Cie.,
Fabricants de Sucre, à Cambrai.

Béthune, 15 février 1865.

MESSIEURS L. NEUT ET L. DUMONT.

Je m'empresse de vous informer que la pompe que vous m'avez fournie a parfaitement fonctionné pendant toute la campagne dernière et qu'elle m'a donné entière satisfaction sous tous les rapports.

DELISSE-ENGRAND,
Sucrerie, à Béthune.

Arleux, 10 octobre 1865.

MESSIEURS L. NEUT ET L. DUMONT.

Nous sommes fort satisfaits de la pompe centrifuge que vous nous avez fournie; le système est parfait, et nous ne pouvons que la recommander à tous les industriels.

DE MOT FRÈRES,
Sucrerie, à Arleux.

Cartigny, le 13 février 1865.

MESSIEURS L. NEUT ET L DUMONT.

Nous avons été entièrement satisfaits de la pompe N° 3 que vous nous avez fournie; elle nous monte 20000 hectolitres à huit mètres en vingt-quatre heures; nous vous recommandons tout particulièrement auprès de nos connaissances.

DERMIGNY, COQUIN, GALANT ET Cie.
Sucrerie, à Cartigny.

Lillers, le 21 mars 1867.

MESSIEURS L. NEUT. ET L. DUMONT.

Nous sommes satisfaits de pouvoir vous dire que depuis plusieurs années que vos trois pompes centrifuges fonctionnent dans notre usine, nous n'avons eu qu'à nous louer de leur emploi, tant sous le rapport de leur débit considérable que sur la facilité de leur fonctionnement.

DERMINGHEM ET Cie.,
Fabricants de sucre, à Lillers.

Pierrefonds (Oise), le 14 mars 1867.

MESSIEURS L. NEUT ET L. DUMONT.

La pompe centrifuge que vous m'avez montée l'an dernier remplit parfaitement les conditions voulues, et j'en suis très-satisfait.

J. DUCHARON,
Sucrerie de Pierrefonds (Oise).

Wargnies-le-Grand, le 27 mars 1867.

MESSIEURS L. NEUT ET L. DUMONT.

Nous sommes assez heureux pour pouvoir vous dire que les pompes centrifuges que nous avons installées à notre usine de Wargnies-le-Grand fonctionnent dans d'excellentes conditions.

Jusqu'ici les réparations ont été nulles; nous les considérons comme très-économiques d'entretien.

E. DERVAUX ET Cie.,
Sucrerie et Raffinerie, à Wargnies-le-Grand.

Braisnes, le 18 mars 1867.

MESSIEURS L. NEUT ET L. DUMONT.

Nous avons l'honneur de vous confirmer ce que nous avons eu le plaisir de vous déclarer.

Vos pompes ont fonctionné régulièrement pendant toute la campagne sans aucune interruption ni ralentissement, sans aucune réparation nécessitée par l'usure

Ce sont de vrais outils applicables à notre industrie ; on peut commencer une campagne avec ce système de pompes et être sûr que l'on ne subira aucune perte de temps de leur fait ; il serait à souhaiter que nous puissions dire autant de bien de tous les appareils et outils dont nous nous servons.

DUFFIÉ FRÈRES,
Fabrique de Sucre, à Braisne.

———

Attigny, le 22 mars 1867.

MESSIEURS L. NEUT ET L. DUMONT.

Nous vous informons que nous avons été satisfaits de la marche de la pompe centrifuge que vous nous avez livrée.

FRÈRE ET Cie.,
Fabrique de Sucre, à Attigny.

———

Gosnay, le 22 mars 1867.

MESSIEURS L. NEUT ET L. DUMONT.

La pompe que vous m'avez fournie l'année dernière a parfaitement fonctionné pendant la campagne. Le but que je me proposais a été atteint à ma grande satisfaction.

GAMOT-DECROMBECQUE,
Fabricant de Sucre, à Grosnay.

———

Omissy, le 23 mars 1867.

MESSIEURS L. NEUT ET L. DUMONT.

J'ai pu employer seulement pour ma fabrication de 1866–67 la pompe centrifuge N° 2 que vous m'avez fournie en 1865. Cette pompe m'a rendu et même au-delà tous les services que j'en attendais ; sa bonne marche a été constante et aucun arrêt n'a eu lieu pendant les cinq mois de ma fabrication dont je m'en suis servi.

GOBEAUT,
*Fabricant de Sucre, Société de Y et Cie.,
à Omissy.*

———

Cuincy, près Douai (Nord), le 26 mars 1867.

MESSIEURS L. NEUT ET L. DUMONT.

Nous avons l'honneur de vous informer que nous sommes satisfaits de la marche de la pompe que vous nous avez fournie ; elle a, sans rien laisser désirer, bien fonctionné pendant la dernière campagne.

CLOVIS GODIN ET Cie.,
*Fabrique et Raffinerie de Sucre, à Cuincy,
près Douai (Nord).*

———

Vic-sur-Aisne, le 21 mars 1867.

MESSIEURS L. NEUT ET L. DUMONT.

Nous attestons bien volontiers que les pompes que vous avez livrées aux usines de Vic-sur-Aisne, fonctionnent parfaitement, surtout la dernière, à laquelle vous avez eu la bonne pensée de mettre un calfat hydraulique.

Nous avons aussi lieu de nous féliciter d'avoir suivi votre conseil, en adoptant le clapet horizontal muni d'une porte à regard.

A. GOFFARD, Directeur des Usines,
Sucrerie et Distillerie, à Vic-sur-Aisne.

———

Comines, le 25 février 1865.

MESSIEURS L. NEUT ET L. DUMONT.

Nous venons vous témoigner toute notre satisfaction de la pompe à force centrifuge, système modifié, que vous nous avez fournie et qui a fonctionné pendant toute la campagne dernière, sans le moindre arrêt, débitant 1000 hectolitres à l'heure.

Prochainement nous vous commanderons une nouvelle pompe pour élever de l'eau chaude ; nous croyons que cette commande vous paraîtra le meilleur certificat à l'égard de vos appareils.

A. GONDRIXON ET Cie.,
Sucrerie, à Comines.

———

Havre, 16 mars, 1867.

MESSIEURS L. NEUT ET L. DUMONT.

Nous avons le plaisir de vous réitérer l'expression de la satisfaction que nous donne l'excellente marche de la pompe centrifuge que vous nous avez fournie, dont le débit d'eau réalise entièrement notre attente.

H. HAENTJENS ET Cie.,
Raffinerie du Havre.

———

Le Cateau, le 20 mars 1867.

MESSIEURS L. NEUT ET L. DUMONT.

Nous venons vous informer que la pompe que vous nous avez fournie en 1863 a toujours fonctionné à notre entière satisfaction, sans demander de réparations.

J. HALLETTE ET Cie.,
Fabrique de Sucre, au Cateau.

———

Saultain, le 20 décembre 1864.

MESSIEURS L. NEUT ET L. DUMONT.

Nous sommes très-satisfaits de la marche de votre pompe, elle a tenu tout ce que vous nous aviez promis. Nous sommes heureux de saisir cette occasion de vous en rendre témoignage.

HAMOIR-BOURSIER ET Cie.,
Sucrerie, Raffinerie, à Saultain

———

Bresles (Oise), le 2 mars 1867.

MESSIEURS L. NEUT ET L. DUMONT.

Nous vous informons, Messieurs, que vos pompes fonctionnent toujours bien et qu'elles remplissent parfaitement les promesses que vous nous avez faites.

HETTE F. ET Cie,
Société Agricole et Sucrière, à Bresles (Oise).

———

Salomé (Nord), le 8 octobre 1865.

MESSIEURS L. NEUT ET L. DUMONT.

Je vous informe que la pompe centrifuge que vous avez montée l'an dernier, dans mon usine, fonctionne à mon entière satisfaction.

G. HOUVENAGHEL,
Fabricant de Sucre, à Salomé (Nord).

———

Rethel, le 23 mars 1867.

MESSIEURS L. NEUT ET L. DUMONT.

Depuis que vous avez modifié l'aspiration de votre pompe, elle marche parfaitement et nous en sommes entièrement satisfaits.

JACOTIN ET Cie.,
Sucrerie retheloise, à Rethel

Nesles, 13 janvier 1864.

MESSIEURS L. NEUT ET L. DUMONT.

J'ai été on ne peut plus satisfait de l'application de votre pompe centrifuge que j'ai faite à Nesles. J'aspirais l'eau à fleur du sol et la montais à 10 mètres de hauteur; la pompe, qui est un numéro 2, avait un débit régulier de 500 hectolitres à l'heure. Je vous autorise à vous servir, comme bon vous semblera, de cette attestation, car je considère rendre un grand service aux industriels, en les engageant à se servir de votre pompe centrifuge quand ils se trouveront dans les mêmes conditions que moi.

A. LALLOUETTE,
Fabricant de Sucre, à Nesles.

Barbery, le 22 mars 1867.

MESSIEURS L. NEUT ET L. DUMONT.

Nous avons le plaisir de vous dire que nous sommes très-satisfaits de la pompe centrifuge que vous nous avez fournie le 30 août 1865; elle marche régulièrement et nous n'avons pas le moindre reproche à faire sur sa construction et son travail.

FRÉDÉRIC LALLOUETTE ET Cie,
Fabricants de Sucre, à Barbery.

Berneuil, le 25 mars 1867.

MESSIEURS L. NEUT ET L. DUMONT.

La pompe centrifuge que vous m'avez livrée fonctionne toujours très-bien, et je dois vous remercier des services qu'elle me rend.

LEFEBVRE ET Cie,
Fabricants de Sucre, à Berneuil.

St-Pol, le 23 mars 1867.

MESSIEURS L. NEUT ET L. DUMONT.

J'ai le plaisir de vous informer que la pompe que vous m'avez fournie à Lières a toujours fonctionné à mon entière satisfaction.
Aussi, dans la nouvelle usine que j'installe à St.-Pol, je me propose de me servir encore de votre pompe centrifuge. Je vous écrirai, dans quelque temps, le calibre que je prendrai.

E. LECOUFFE,
Fabricant de Sucre,

Auffay, le 25 mars 1867.

MESSIEURS L. NEUT ET L. DUMONT.

J'ai été satisfait de vos pompes centrifuges, cependant je dois dire qu'elles sont placées dans des conditions peu favorables; l'une élève l'eau à 13 mètres de hauteur, l'autre refoule à 300 mètres de distance la boue provenant du lavage des betteraves.

LINARD,
Fabricant de Sucre, à Auffay.

Revelon (Somme), le 27 mars 1867.

MESSIEURS L. NEUT ET L. DUMONT.

La pompe centrifuge que vous nous avez fournie a parfaitement répondu à notre attente.
Elle fonctionne avec une grande régularité, et n'a encore été soumise à aucune réparation.
C'est avec un sentiment de vive satisfaction que nous vous donnons cette attestation.

MAGNIEZ ET Cie.
Sucrerie de Revelon (Somme).

Dijon, le 1er. mars 1865.

MESSIEURS L. NEUT ET L. DUMONT.

Nous avons grand plaisir à vous dire, Messieurs, que votre pompe a parfaitement fonctionné pendant toute la campagne qui vient de s'écouler.

CH. MANUEL ET Cie.,
Sucr., Raffin. et Distill., à Dijon.

Mons-en-Chaussée, le 13 octobre 1865.

MESSIEURS L. NEUT ET L. DUMONT.

Nous vous informons que nous avons pleine satisfaction de la pompe centrifuge que vous nous avez fournie, et nous doutons fort qu'un autre appareil puisse le remplacer aussi avantageusement.

C. MARTINE ET Cie.,
Fabric. de Sucre, à Mons-en-Chaussée.

Nantes, le 30 mars 1867.

MESSIEURS L. NEUT ET L. DUMONT.

Nous certifions que votre pompe que nous avons appliqué dans notre raffinerie, pour l'alimentation de nos appareils à cuire, fonctionne depuis dix-huit mois avec la plus grande régularité. Considérant le mode de pompe comme une disposition très-heureuse, c'est avec plaisir que nous nous plaisons à le reconnaître et à en donner l'attestation.

MASSION-ROZIER ET Cie.,
Raffinerie de Nantes.

Solesmes, le 18 mars 1867.

MESSIEURS L. NEUT ET L. DUMONT.

Vous nous demandez si les pompes que vous nous avez fournies fonctionnent encore à notre entière satisfaction; la meilleure réponse que nous puissions vous faire, c'est que, sous peu de jours, nous vous adresserons la commande d'une troisième pompe, destinée à l'élévation de nos eaux chaudes.

MÉNARD ET Cie.,
Sucrerie de Solesmes.

Tergnier, le 22 mars 1867.

MESSIEURS L. NEUT ET L. DUMONT.

Nous nous faisons un plaisir de vous adresser aussi notre part de félicitations au sujet de la marche régulière de votre pompe centrifuge; cet appareil, qui fonctionne dans notre usine depuis septembre 1866, ne nous a causé aucun ennui, suscité aucune réparation.
Veuillez agréer, Messieurs, cette preuve de notre satisfaction et recevoir nos empressées salutations.

MIROUX, MENTRON, CAUVEZ ET Cie.
Fabrique de Sucre, à Tergnier.

Béthune, le 24 mars 1867.

MESSIEURS L. NEUT ET L. DUMONT.

La pompe centrifuge que vous nous avez livrée l'année dernière a parfaitement fonctionné pendant toute la campagne qui vient de finir. Nous avons toujours eu trop d'eau pour notre consommation et aucune réparation n'a eu lieu pendant la fabrication.

C. ET A. OUTREBON,
Fabricants de Sucre, à Béthune.

Wardrecques-St.-Omer, le 25 mars 1867.

MESSIEURS L. NEUT ET L. DUMONT.

Les trois pompes centrifuges que vous m'avez fournies ont toujours fonctionné à mon entière satisfaction.

B. PORION,
Distillateur à Wardrecques-St Omer.

Biaches, le 22 mars 1867.

MESSIEURS L. NEUT ET L. DUMONT.

Nous avons le plaisir de pouvoir attester que la pompe centrifuge No 4, que vous nous avez fourni l'an dernier, nous a donné entière satisfaction pendant toute la dernière fabrication ; sa marche a toujours été très-régulière et ne nous a occasionné aucun arrêt.

F. QUAREZ ET Cie.

Fabrique de Sucre de Biache.

Le Theil (Oise), le 20 mars 1867.

MESSIEURS L. NEUT ET L. DUMONT.

La pompe que vous nous avez livrée l'an dernier a fonctionné convenablement, nous en sommes satisfaits.

QUAREZ ET Cie.,

Fabrique de Sucre, Le Theil (Oise).

St.-Waast-les-Bavay, le 7 novembre 1865.

MESSIEURS L. NEUT ET L. DUMONT.

Nous sommes heureux de vous informer que votre pompe marche très-bien et remplit parfaitement toutes les conditions énoncées dans vos circulaires.

AMÉDÉE SEMAL ET Cie.,

Fabricants de Sucre, à St.-Waast-les-Bavay.

Chocques, le 9 octobre 1865.

MESSIEURS L. NEUT ET L. DUMONT.

Nous sommes heureux de pouvoir vous dire que votre pompe centrifuge nous donne pleine satisfaction sous tous les rapports, depuis que, sur vos conseils, nous avons allongé les tuyaux d'aspiration au-delà de 10 mètres.

Cette pompe centrifuge remplit avantageusement l'office de quatre pompes ordinaires, qui réclament un entretien continuel.

SÉNÉCHAL ET HANON,

Fabricants de Sucre, à Chocques.

Mitry, le 26 octobre 1865.

MESSIEURS L. NEUT ET L. DUMONT.

Nous nous empressons de vous annoncer que la pompe centrifuge que vous nous avez vendue l'année dernière, et que nous venons de remettre en marche pour notre seconde campagne, fonctionne à notre entière satisfaction.

SERBONNE ET Cie.,

Fabric. de Sucre à Mitry (Seine-et-Marne).

Puisards, le 23 mars 1867.

MESSIEURS L. NEUT ET L. DUMONT.

Depuis deux ans que j'ai une de vos pompes centrifuges, j'en suis très-satisfait, surtout depuis que j'y ai fait mettre un calfat hydraulique dont vous m'avez envoyé le croquis il y a près d'un an.

SIMON,

Fabricant de Sucre, à Puisards.

Athies, le 9 octobre 1865.

MESSIEURS L. NEUT ET L. DUMONT.

Je suis heureux de vous confirmer que la pompe centrifuge que vous m'avez fournie fonctionne toujours très-bien.

Louis THÉRY.

Fabricant de Sucre, à Athies.

Orchies, le 18 octobre 1865.

MESSIEURS L. NEUT ET L. DUMONT.

La pompe centrifuge que vous nous avez livrée l'an dernier atteint parfaitement le but que nous désirions, et c'est avec satisfaction que nous venons vous en faire la déclaration.

VERZIER ET Cie.,

Fabricants de Sucre, à Orchies.

Pouilly, le 30 mars 1867.

MESSIEURS L. NEUT ET L. DUMONT.

Nous avons le plaisir de vous dire que la pompe centrifuge que vous nous avez fournie le 27 septembre 1865 fonctionne parfaitement.

VIÉVILLE, JADAS ET Cie.,

Sucrerie indigène, Pouilly.

Charleville, le 22 mars 1867.

MESSIEURS L. NEUT ET L. DUMONT.

La pompe No 2, que vous nous avez fournie l'année dernière, a parfaitement marché depuis son installation et n'a nécessité jusqu'à ce jour aucune réparation.

WAROCQUIER ET Cie.,

Fabric. de Sucre et Distill., à Charleville.

Haubourdin, le 23 mars 1867.

MESSIEURS L. NEUT ET L. DUMONT.

La pompe centrifuge que vous m'avez fournie en 1865 vient de terminer ma deuxième campagne de betteraves sans m'avoir donné le moindre sujet de mécontentement.

Dans le courant de l'été dernier, elle a fonctionné six mois jour et nuit sans interruption. Je n'ai donc qu'à me féliciter d'avoir adopté cet appareil et suis heureux de pouvoir vous donner cette attestation.

C. WAYMEL,

Distillateur à Haubourdin.

Lambres, le 25 mars 1867.

MESSIEURS L. NEUT ET L. DUMONT.

J'ai toujours été satisfait des trois pompes centrifuges que vous m'avez livrées, elles ont toujours bien fonctionné.

YOSBERGUE-CAPPE,

Fabricant de Sucre, à Lambres.

FILATURES, TISSAGES & PEIGNAGES.

Bischwiller, le 15 octobre 1865.

MESSIEURS L. NEUT ET L. DUMONT.

Nous avons l'honneur de vous dire que la pompe centrifuge que vous nous avez fournie dans le courant de l'année dernière fonctionne à notre entière satisfaction ; les résultats que nous avons obtenus par nos expériences sont très-avantageux, et nous ne manquerons pas de vous recommander auprès de nos amis.

BERTRAND FRÈRES,

Fabricants de Draps, à Bischwiller.

Cambrai, 11 novembre 1865.

MESSIEURS L. NEUT ET L. DUMONT.

J'atteste avec grand plaisir que je suis on ne peut plus satisfait des services que me rend votre pompe et j'ajoute, qu'à l'occasion, je ne manquerai pas de recommander ce système aux personnes qui pourront être dans le cas de l'utiliser.

BERTRAND-MILCENT,

Fabricant à Cambrai.

Pont-Remy, le 18 mars 1867.

MESSIEURS L. NEUT ET L. DUMONT.

Je m'empresse de vous informer que nous sommes très-satisfaits de la marche de vos pompes et de la manière dont elles sont établies.

FRICHOT,
Direct. de la Cie. linière de Pont-Remy.

Aubenton, le 9 octobre 1865.

MESSIEURS L. NEUT ET L. DUMONT.

La pompe centrifuge que vous nous avez livrée, il y a environ 18 mois, marche à notre entière satisfaction depuis cette époque.

COLLIN-DENIS ET FILS,
Filature et Fabrique à Aubenton (Aisne).

Marcq, le 8 août 1864.

MESSIEURS L. NEUT ET L. DUMONT.

Nous sommes très-satisfaits des deux pompes centrifuges (No 2), placées dans notre établissement, l'une aspirant directement sur un forage donne de 9 à 10 hectolitres à la minute, l'autre, aspirant dans une pièce d'eau, donne 12 hectolitres. Depuis huit mois qu'elles fonctionnent, elles n'ont pas eu besoin de la moindre réparation.

DANSET FRÈRES,
Tissage mécanique et Blanchisserie à Marcq.

Reims, le 19 mars 1867.

MESSIEURS L. NEUT ET L. DUMONT.

Nous venons vous déclarer que, depuis sa mise en train, la pompe que vous nous avez fournie fonctionne à notre entière satisfaction, malgré les nombreuses sinuosités d'un tuyau d'aspiration de 40 mètres de longueur.

DAUPHINOT FRÈRES,
Manufacturiers à Reims.

Armentières, le 19 août 1864.

MESSIEURS L. NEUT ET L. DUMONT.

La pompe centrifuge que vous m'avez fournie fonctionne à mon entière satisfaction ; elle est très-simple et donne une quantité d'eau prodigieuse.

DELECAILLE,
Tissage mécanique et blanchisserie.

Lille, le 30 octobre 1866.

MESSIEURS L. NEUT ET L. DUMONT.

Depuis que votre pompe centrifuge est montée chez moi, elle a toujours fonctionné à mon entière satisfaction

Je suis heureux de vous donner ce témoignage, et vous prie d'agréer mes salutations sincères.

E. DELECROIX,
Filateur, à Lille.

Lille, le 30 octobre 1860.

MESSIEURS L. NEUT ET L. DUMONT.

La pompe centrifuge que vous nous avez fournie marche depuis un an et ne nous a jamais demandé de réparations ni causé de temps d'arrêt. Nous en sommes parfaitement satisfaits

L. DELCOURT ET Cie,
Filateurs, à Lille.

Tourcoing, le 11 octobre 1865.

MESSIEURS L. NEUT ET L. DUMONT.

Nous sommes très-satisfaits de la pompe que vous nous avez fournie au commencement de juin dernier. Nous nous en servons tous les jours et jamais elle n'a manqué.

DERVAUX, LAMON ET Cie,
Peignage mécanique, à Tourcoing.

Arques, le 12 octobre 1865.

MESSIEURS L. NEUT ET L. DUMONT.

Nous nous faisons un plaisir de vous témoigner notre entière satisfaction de l'emploi de votre pompe centrifuge ; le résultat que nous obtenons dépasse notre attente.

DETRAUX-BOUQUILLON ET Cie,
Filateurs, à Arques.

Lille, le 2 Novembre 1866.

MESSIEURS L. NEUT ET L. DUMONT.

Nous avons l'avantage de vous informer que la pompe centrifuge que vous avez montée il y a deux ans dans notre usine, fonctionne à notre entière satisfaction.

DROULERS ET AGACHE,
Filateurs, à Lille.

Armentières, le 31 octobre 1836.

MESSIEURS L. NEUT ET L. DUMONT.

La pompe à force centrifuge, montée par vos soins, il y a deux ans, dans notre établissement d'Houplines, fonctionne toujours parfaitement ; nous sommes heureux de vous en exprimer toute notre satisfaction.

DUFOUR ET LORENT,
Filature et Tissage mécanique, à Armentières.

Tourcoing, le 6 novembre 1866.

MESSIEURS L. NEUT ET L. DUMONT.

La pompe centrifuge que vous nous avez fournie fonctionne à notre entière satisfaction.

Depuis que cette pompe est montée, nous pouvons marcher continuellement avec notre condenseur tout grand ouvert.

FOUAN ET DUCHENE,
Peignage mécanique de Laines, à Tourcoing.

Castres, le 5 décembre 1866.

MESSIEURS L. NEUT ET L. DUMONT.

Nous sommes satisfaits de votre pompe centrifuge sous tous les rapports, elle fonctionne très-bien depuis dix-huit mois que nous l'avons, et, s'il nous en fallait une autre, nous ne prendrions pas d'autre système que le vôtre, heureux de pouvoir vous donner cette assertion toute sincère.

GRACH ET LOUP,
Fabricants de Draps, à Castres.

Wesserling, le 6 novembre 1866.

MESSIEURS L. NEUT ET L. DUMONT.

Nous nous faisons un plaisir de vous annoncer que la pompe centrifuge que vous nous avez fournie l'année dernière fonctionne toujours à notre entière satisfaction.

GROS, ROMAN, MAROZEAU ET Cie,
à Wesserling.

Bischwiller, le 13 octobre 1865.

MESSIEURS L. NEUT ET L. DUMONT.

Nous pouvons vous témoigner notre entière satisfaction de l'excellente construction de votre pompe, puisque nous l'avons dû prêter à deux établissements pour épuisement d'eaux, et nous, comme tous ceux qui l'ont vu fonctionner, étaient d'accord qu'elle travaillait supérieurement bien.

HEIMPEL, ERNEST, ET Cie,
Filature de Bischwiller.

Croix (près Roubaix), le 18 mars 1867.

MESSIEURS L. NEUT ET L. DUMONT.

Nous sommes toujours très-satisfaits des pompes que vous nous avez fournies, il y a deux ans et l'année dernière; ces pompes sont remarquables par la quantité d'eau qu'elles débitent, et nous certifions qu'elles nous ont rendu de grands services.

ISAAC HOLDEN ET FILS,
Peignage de Laines, à Croix (près Roubaix).

Reims, le 18 mars 1867.

MESSIEURS L. NEUT ET L. DUMONT.

Nous avons l'honneur de vous informer que la pompe que vous avez fournie le 3 novembre 1866, fonctionne à notre entière satisfaction.

ISAAC HOLDEN ET FILS,
Peignage Anglais, à Reims.

Tourcoing, le 18 mars 1867.

MESSIEURS L. NEUT ET L. DUMONT.

Nous venons, avec plaisir, vous dire que nous avons entière satisfaction de la pompe que vous nous avez fournie au mois d'octobre dernier, et qui n'a pas cessé de marcher depuis cette époque.

F. LEPOUTRE, DUHAMEL ET Cie,
Filateurs, à Tourcoing.

Ban de Haguenau, le 29 octobre 1866.

MESSIEURS L. NEUT ET L. DUMONT.

Je suis heureux de vous dire que la pompe centrifuge que vous m'avez fournie, il y a bientôt trois ans, fonctionne depuis ce temps à mon entière satisfaction.
On peut la recommander sous tous les rapports.

F. MAUREY,
Filature de Laine, à Ban-de-Haguenau.

Thumesnil-lez-Lille, le 18 mars 1867.

MESSIEURS L NEUT ET L. DUMONT.

Nous sommes toujours contents des petites pompes que vous nous avez livrées. Nous pouvons constater, jusqu'ici, qu'elles nous ont donné toute satisfaction.

ALFRED MERVEILLE ET Cie,
*Filature de Laine et Étoupes,
à Thumesnil lez-Lille.*

Hantay, le 3 novembre 1866.

MESSIEURS L. NEUT ET L. DUMONT.

Nous sommes très-contents de votre pompe centrifuge. Depuis quatre mois que vous nous l'avez livrée, elle fonctionne à notre entière satisfaction; elle a marché sans aucun arrêt et nous donne aujourd'hui autant d'eau que le premier jour. Nous sommes heureux, Messieurs, de constater ce résultat.

A. MORTELECQUE ET J. BEGHIN,
Filature et Tissage mécanique, à Hantay.

Douai, le 31 octobre 1866.

MESSIEURS L. NEUT ET L. DUMONT.

Je me fais un plaisir de vous déclarer que la pompe centrifuge que vous m'avez fournie le 9 décembre 1864, fonctionne depuis cette époque à mon entière satisfaction.
Elle ne m'a encore fait subir aucun temps d'arrêt.

A. PAUCHET Jeune,
Filature de Lin au mouillé, à Douai

Bischwiller, le 1er novembre 1866.

MESSIEURS L. NEUT ET L. DUMONT.

Je suis très-satisfait de la pompe centrifuge N° 2 que vous m'avez fournie au mois de décembre 1865; elle fonctionne tous les jours, depuis cinq heures du matin jusqu'à sept heures du soir, et n'a donné lieu, jusqu'à présent, à aucune réparation.

PETITVILLE,
Usinier à Bischwiller.

Armentières, le 31 octobre 1866.

MESSIEURS L. NEUT ET L. DUMONT.

J'ai le plaisir de vous informer que la pompe centrifuge que vous m'avez fournie le 17 octobre 1863, fonctionne toujours à mon entière satisfaction et n'a encore, jusqu'à présent, demandé aucune réparation.
Je suis heureux de vous donner cette attestation et vous présente, Messieurs, mes bien sincères salutations.

VICTOR POUCHAIN,
*Filature de lin, Tissage mécanique, Blanchisserie,
à Armentières.*

Roubaix, le 20 mars 1867.

MESSIEURS L. NEUT ET L. DUMONT.

Pour satisfaire à la demande que vous m'adressez, vous pouvez déclarer que la pompe que vous m'avez fournie fonctionne toujours à mon entière satisfaction.

F. ROUSSEL,
Fabricant, à Roubaix.

Bischwiller, le 29 mars 1867.

MESSIEURS L. NEUT ET L. DUMONT.

S'il peut être utile de faire apprécier plus généralement l'excellence de vos pompes centrifuges, par un témoignage de satisfaction, je vous le transmets avec plaisir par la présente.
Depuis le mois d'avril 1866 que fonctionne dans mon usine celle fournie par votre maison de Lille, je n'ai qu'à me louer de sa marche et de son rendement.

TH. SCHERDING,
Manufacturier à Bischwiller.

Colmar, le 27 octobre 1866.

MESSIEURS L. NEUT ET L. DUMONT.

Nous sommes heureux de vous annoncer que la pompe à force centrifuge que vous nous avez livrée il y a un an, marche à notre entière satisfaction.

P. SCHEURER ET TEMPÉ,
à Colmar.

Bischwiller, le 30 octobre 1866.

MESSIEURS L. NEUT ET L. DUMONT.

Nous venons vous prier, Messieurs, de nous adresser, etc.
A cette occasion, nous vous dirons que nous sommes on ne peut plus satisfaits de la marche et du rendement

de votre pompe N° 3, qui fonctionne maintenant depuis une année sans la moindre réparation. Elle cherche l'eau à une distance de près de 200 mètres, à une profondeur de 4 mètres et elle la monte à 7 ou 8 mètres.

SCHWEBEL et SCHMIDT,
à Bischwiller.

Lille, le 2 juillet 1863.

MESSIEURS L. NEUT ET L. DUMONT.

Nous certifions avoir monté dans notre tissage de Marquette, une pompe à force centrifuge fournie par MM. NEUT et DUMONT.

Cet appareil, d'une grande simplicité et d'une installation facile, élève en quantité abondante nos eaux de condensation à une hauteur de 8 mètres, et présente de grands avantages sur les autres systèmes, et sous le rapport du travail et sous le rapport de l'économie.

J. SCRIVE ET FILS,
Tissage mécanique de Marquette.

Saint-André-lez-Lille, le 9 août 1865.

MESSIEURS L. NEUT ET L. DUMONT.

La pompe centrifuge que vous avez montée dans notre usine, il y a six mois, fonctionne depuis cette époque de la manière la plus parfaite et sans aucun dérangement.

Nous sommes heureux, Messieurs, de vous donner aujourd'hui ce témoignage de notre satisfaction.

TAILLAR ET BARBRY,
Tissage mécanique, Treillis, Toiles, Cordes,
à Saint-André lez-Lille.

Mulhouse, le 13 octobre 1865.

MESSIEURS L. NEUT ET L. DUMONT.

Nous nous empressons de vous annoncer que la pompe centrifuge que vous nous avez fournie marche à notre entière satisfaction.

THIERRY, MIEZ ET Cie.,
à Mulhouse.

Roubaix, le 13 août 1864.

MESSIEURS L. NEUT ET L. DUMONT.

Nous sommes toujours très-satisfaits de votre pompe centrifuge et vous pouvez indiquer notre maison comme référence.

A. VINCHON ET Cie,
Filature de Laines peignées, à Roubaix.

Tenay, 3 décembre 1866.

MESSIEURS L. NEUT ET L. DUMONT.

Nous avons le plaisir de vous dire que les deux pompes centrifuges de votre système, que nous avons établies cet été dans une de nos filatures, ont marché, jusqu'à présent, à notre entière satisfaction.

A leur vitesse de régime, elles donnent facilement chacune 6 à 7 hectolitres élevés à 8 mètres par minute.

WARNERY ET MORLOT,
Filateurs, à Tenay.

BLANCHISSERIES, TEINTURERIES & FOULONS

St.-Aubin-les-Elbeuf, 30 octobre 1866.

MESSIEURS L. NEUT ET L. DUMONT.

Votre pompe centrifuge nous donne pleine et entière satisfaction; nous le constatons avec plaisir.

BELLEVILLE ET MARTIN,
Teinturiers à St.-Aubin-les-Elbeuf.

Quesnoy-sur-Deûle, le 31 octobre 1866.

MESSIEURS L. NEUT ET L. DUMONT.

Depuis trois ans et demi à quatre ans que nous avons la pompe centrifuge que vous nous avez livrée, nous n'avons pas encore eu pour 5 cent. de débours au sujet de la susdite pompe; elle marche toujours, jusqu'à présent, à notre entière satisfaction.

BENAUX FRÈRES,
Crémage et Blanchissage de Fils retors,
à Quesnoy-sur-Deûle.

Orival-les-Elbeuf, 11 octobre 1815.

MESSIEURS L. NEUT ET L. DUMONT.

Nous sommes très-satisfaits de la pompe que vous nous avez fournie et qui fonctionne parfaitement.

Nous n'attendons qu'un nouveau besoin pour vous en commander une autre.

BLAY FRÈRES ET Cie.,
Teinturiers, à Orival-les-Elbeuf.

Cambrai, 15 février 1865.

MESSIEURS L. NEUT ET L. DUMONT.

Nous sommes satisfaits de la pompe que vous nous avez fournie l'année dernière et sommes heureux de vous en informer.

BRABANT-HURET ET FILS,
Blanchisserie.

Saint-André, le 1er. juillet 1864.

MESSIEURS L. NEUT ET L. DUMONT.

Nous venons vous témoigner toute notre satisfaction des trois pompes à force centrifuge que vous nous avez fournies. Depuis dix-huit mois qu'elles fonctionnent, elles nous donnent une quantité d'eau considérable sans avoir subi le moindre temps d'arrêt.

CORNÉLIS FRÈRES ET Cie.,
Blanchisserie en tous genres.

Halluin, le 13 août 1864.

MESSIEURS L. NEUT ET L. DUMONT.

Depuis un an qu'elle fonctionne, je continue à être parfaitement satisfait de la pompe à force centrifuge que vous m'avez fournie.

J. DASSONVILLE,
Blanchisserie de Fil.

Reims, 13 août 1864.

MESSIEURS L. NEUT ET L. DUMONT.

Nous sommes, on ne peut plus satisfaits, de votre pompe, qui nous rend des services immenses, que par le temps actuel, chez nous, cinq pompes ordinaires seraient loin de nous rendre.

DELAMOTTE ET FAILLE,
Teinturiers-Apprêteurs brevetés.

Elbeuf, le 15 novembre 1866.

MESSIEURS L. NEUT ET L. DUMONT.

Nous avons le plaisir de vous dire que la pompe centrifuge que vous nous avez fournie fonctionne parfaitement en nous donnant beaucoup d'eau.

DELREZ FRÈRES ET Cie.,
Teinturiers.

Armentières, le 26 mars 1867.

MESSIEURS L. NEUT ET L. DUMONT.

Les deux pompes que vous m'avez fournies fonctionnent très-bien ; l'une prend l'eau à 10 mètres, l'autre à 180 mètres.

J'en suis très-satisfait.

HENRI DEREN,
Fabrique et Blanchisserie.

Œstres, le 12 décembre 1866.

MESSIEURS L. NEUT ET L. DUMONT.

Veuillez m'expédier de suite, etc.

Je saisis cette occasion pour vous dire que je suis très-content de votre pompe, elle a dépassé mon attente de beaucoup.

DEVERLY,
Blanchisserie.

Elbeuf, le 2 novembre 1866.

MESSIEURS L. NEUT ET L. DUMONT.

Nous sommes très-satisfaits des deux pompes que vous nous avez vendues et qui fonctionnent parfaitement.

En attendant de nouveaux besoins qui vous seront accordés.

DUBOST FRÈRES ET SŒUR,
Teinturiers.

Amiens, 8 août 1863.

MESSIEURS L. NEUT ET L. DUMONT.

Votre pompe marche depuis quelques jours, et je vous avoue que je suis émerveillé de son produit, beaucoup trop fort pour moi ; je me contenterais de la moitié.

Je ne laisse subsister l'état actuel de surabondance d'eau que pour montrer aux deux commissions que j'attends la prodigieuse générosité de votre système.

ED. FLEURY,
Teintures et Apprêts.

Elbeuf, le 2 décembre 1866.

MESSIEURS L. NEUT ET L. DUMONT.

Je me fais un plaisir de vous informer que la pompe centrifuge que vous m'avez fournie l'année dernière marche régulièrement sans interruption et remplit parfaitement le but que je me proposais d'atteindre.

JOSEPH FRAENKEL,
Teinturier.

Lisieux, 20 novembre 1866.

MESSIEURS L. NEUT ET L. DUMONT.

Nous nous faisons un plaisir de déclarer que la pompe centrifuge de votre système, montée dans notre établissement, fonctionne à notre entière satisfaction.

TH. GRISON ET Cie,
Teinturerie du Camp-franc.

Mulhouse, le 27 novembre 1866.

MESSIEURS L. NEUT ET L. DUMONT.

Je m'empresse de vous dire que les six pompes que vous m'avez vendues fonctionnent très-bien. Veuillez, au reçu de la présente, m'envoyer une septième, soit une pompe N° 3, pareille à celle que vous m'avez livrée le 19 décembre 1863.

H. HAEFFLEY fils,
Blanchiment et Teinture.

Lille, faubourg de Canteleu, le 6 juillet 1863.

MESSIEURS L. NEUT ET L. DUMONT.

Je vous certifie volontiers que vos deux pompes, montées chez moi, sont excellentes sous tous les rapports, et que je ne serai pas longtemps, par cette bonne raison, de vous en faire monter une troisième dans ma blanchisserie.

C. W. HAMMACHER,
Blanchisserie de Fils et Cotons.

Reims, le 21 novembre 1866.

MESSIEURS L. NEUT ET L. DUMONT.

Je n'ai qu'à me louer de la bonne marche et des services que m'a rendus la pompe centrifuge que vous m'avez livrée il y a deux ans ; aucune réparation n'a encore été nécessaire ; c'est, je crois, la plus belle preuve d'économie sur tous les autres systèmes et, chose essentielle, pas de chômage forcé.

HOUPIN-MONGRENIER,
Dégraissage, Foulerie, Blanchissage.

Flers, le 20 mars 1867.

MESSIEURS L. NEUT ET L. DUMONT.

Nous sommes heureux de vous exprimer nos félicitations et nos remerciments pour la pompe que vous nous avez fournie en 1863. Depuis cette époque elle a constamment fonctionné à notre entière satisfaction.

JULES MALFAIT ET Cie,
Teinturiers.

Elbeuf, le 22 novembre 1866.

MESSIEURS L. NEUT ET L. DUMONT.

Nous sommes toujours très-contents des deux pompes que vous nous avez fournies ; nous sommes heureux de vous en faire part.

E. MALLET ET Cie,
Teinture en Laine.

Elbeuf, le 19 novembre 1866.

MESSIEURS L. NEUT ET L. DUMONT.

Nous sommes satisfaits de la pompe à force centrifuge que vous nous avez fournie, elle marche régulièrement et sans réparation aucune depuis son installation.

JULES MAY ET DEHAN,
Teinture.

Saint-André, le 19 octobre 1865.

MESSIEURS L. NEUT ET L. DUMONT.

J'ai le plaisir de vous mander que la pompe centrifuge N° 1, que vous m'avez livrée depuis dix-huit mois a toujours fonctionné depuis ce temps avec une parfaite régularité.

Elle me donne au moins le double d'eau que les deux pompes à piston qu'elle a remplacées, et de plus, la marche de la machine s'est bien améliorée par la suppression complète des chocs et des ébranlements qui en étaient la suite ; et suis heureux de vous donner ce témoignage de ma satisfaction.

PARENT,
Teinturier sur Fil et Coton,

Armentières, 21 mars 1867.

MESSIEURS L. NEUT ET L. DUMONT.

Nous constatons avec plaisir que la pompe centrifuge que vous nous avez livrée en 1865, n'a pas cessé de fonctionner à notre entière satisfaction. Elle est supérieure à tous les systèmes antérieurs, et possède l'avantage d'enlever un plus fort volume d'eau avec moins de vapeur.

Nous vous donnons donc ici un témoignage de notre satisfaction et vous présentons, Messieurs, l'assurance de nos sentiments d'estime.

VANDEWYNCKÈLE FRÈRES ET J. ALSBERGE.

Blanchisserie de Fils de Lins simples et écrus.

Cambrai, le 17 mars 1867.

MESSIEURS L. NEUT ET L. DUMONT.

Nous avons le plaisir de vous dire que les deux pompes centrifuges que vous nous avez fournies fonctionnent à notre entière satisfaction.

WALLERAND, WIART ET Cie.,

Teinturerie.

PAPETERIES.

Plancher-Bas, le 27 octobre 1836.

MESSIEURS L. NEUT ET L. DUMONT.

Nous sommes satisfaits de la pompe centrifuge que vous avez fournie, et nous nous faisons un plaisir de venir vous l'exprimer.

ÉMILE DESLOYE ET Cie.,

Papeterie à la cuve.

Sorel, le 29 octobre 1866.

MESSIEURS L. NEUT ET L. DUMONT.

Les pompes centrifuges que vous nous avez fournies fonctionnent à notre entière satisfaction et, jusqu'à présent, elles n'ont eu besoin d'aucune réparation ; nous sommes très-contents de ce système de pompe d'une installation si facile, si économique, et cependant d'un excellent rendement.

FIRMIN DIDOT FRÈRES, FILS ET Cie.,

Papeterie de Sorel.

Mesnil-sur-l'Estrée, le 6 novembre 1866.

MESSIEURS L. NEUT ET L. DUMONT.

Les deux pompes centrifuges que nous employons actuellement à des travaux d'épuisement, marchent parfaitement bien et nous rendent les plus grands services.

FIRMIN DIDOT FRÈRES, FILS et Cie.

Papeterie.

Manufacture du Val-Vernier, le 27 octobre 1866.

A MESSIEURS L. NEUT ET L. DUMONT.

La pompe centrifuge que vous nous avez fournie marche parfaitement bien. Nous sommes heureux de vous en fournir ici le témoignage.

Pour les Administrateurs de la papeterie nationale,

LE DIRECTEUR DE VAL-VERNIER.

La Pointe Cne. de Chahaigne (Sarthe), 18 mars 1867.

MESSIEURS L. NEUT ET L. DUMONT.

Jusqu'à présent la pompe que vous m'avez vendue a toujours parfaitement fonctionné, et est dans le même état que le jour où je l'ai reçue, quoique marchant nuit et jour depuis sept mois.

Aujourd'hui je puis affirmer que votre système est le meilleur que je connaisse, et que les réparations y sont presque nulles ; je vous ai prouvé du reste, ma satisfaction en vous en demandant une seconde.

Je vous autorise à joindre cette lettre à celles que vous avez, et si elle peut aider à décider les personnes ayant besoin de pompes, pour votre système, je croirai leur avoir rendu un véritable service.

E. RAPEAUD,

Fabr. de Carton Paille et Papiers d'emballage.

Aubenas, 18 octobre 1803.

MESSIEURS L. NEUT ET L. DUMONT.

Nous sommes satisfaits de la marche et du rendement de la pompe que vous nous avez fournie.

VERRY ET FILS,

Fabricants de papiers.

CONSTRUCTEURS-MÉCANICIENS.

Lille, le 31 juillet 1863.

Je dois, à la vérité, vous témoigner toute ma satisfaction pour les bons services que m'a rendus votre pompe, puisque quelques jours d'usage m'ont suffi pour extraire une quantité considérable d'eau dont j'étais encombré.

O. BAUDON FILS, successeur.

Ingénieur-Constructeur.

Cambrai, le 8 janvier 1863.

MESSIEURS L. NEUT ET L. DUMONT.

J'ai mis votre pompe en route le 5 courant ; elle fonctionne admirablement et mon client est très-satisfait de sa bonne marche.

J. DEVILDER,

Mécanicien.

Lille, le 19 janvier 1867.

MESSIEURS L. NEUT ET L. DUMONT.

Toutes les installations de pompes à force centrifuge de votre système que nous avons faites, nous ont donné des résultats très-satisfaisants: nous nous faisons un véritable plaisir de vous en adresser le témoignage.

Vos pompes présentent des avantages incontestables sur tous les autres systèmes qui sont à notre connaissance. Elles débitent de grandes quantités d'eau tout en occupant un très-petit espace. Nous estimons que l'effet utile de ces pompes est très-élevé ; elles sont, à notre avis, d'un emploi économique. Toutes celles que vous avez fournies sont parfaitement et très-soigneusement construites ; leur installation ne nous a jamais occasionné la moindre difficulté.

Is. FARINAUX, BAUDET ET BOIRE,

Constructeurs-Mécaniciens.

Lille, le 17 janvier 1867.

MESSIEURS L. NEUT ET L. DUMONT.

Nous avons été très-satisfaits des diverses pompes que vous nous avez fournies depuis quelques années, et nous vous en envoyons très-volontiers ce témoignage.

LE GAVRIAN ET FILS,

Ingénieurs-Mécaniciens.

Lille, le 19 juillet 1866.

MESSIEURS L. NEUT ET L. DUMONT.

Les soussignés s'empressent de rendre justice à votre système de pompes centrifuges, tant en ce qui touche leur bonne marche qu'en ce qui concerne le débit d'eau qu'elles atteignent. Cette attestation ressort de l'examen que nous en avons fait sur toutes les pompes que vous nous avez livrées, que nous avons montées dans différents établissements.

THIBEAUT ET LOCOGE,

Constructeurs-Mécaniciens.

Haguenau, le 17 novembre 1866.

MESSIEURS L. NEUT ET L. DUMONT.

La pompe centrifuge N° 2, que vous m'avez livrée, il y a deux mois, fonctionne depuis cette époque à la papeterie de Reichshoffen et ne laisse rien à désirer sous aucun rapport.

J.-A. WEBER,

Mécanicien

MINES & HAUTS-FOURNEAUX.

Torteron, le 13 septembre 1866.

MESSIEURS L. NEUT ET L. DUMONT.

Nous nous servons toujours avec avantage de la pompe à force centrifuge que vous nous avez fournie dernièrement.

BOIGUES, RAMBOURG ET Cie,
Hauts-Fourneaux.

Ferques, le 13 octobre 1865.

MESSIEURS L. NEUT ET L. DUMONT.

La pompe centrifuge que vous m'avez fournie l'an dernier marche à mon entière satisfaction ; je ne puis en faire assez d'éloges et n'en emploierai jamais d'autres pour mes extractions.

CARBONNIER,
Carrières de pierres.

Montataire, le 18 octobre 1865.

M. SSIEURS L. NEUT ET L. DUMONT.

Nous avons l'avantage de vous informer que les deux pompes centrifuges que vous nous avez fournies marchent à notre entière satisfaction.

Le Directeur des Forges et Fonderies de Montataire,
A. COMBLEN.

Sarrebruck, le 27 octobre 1866.

MESSIEURS L. NEUT ET L DUMONT.

Nous avons le plaisir de vous dire que la pompe centrifuge livrée par votre maison à notre usine à coke d'Altenwald, fonctionne à notre grande satisfaction. Nous ne manquerons pas de nous adresser de nouveau à vous pour vous commander une pompe du même système aussitôt que l'extension de nos lavoirs à houille exigera un débit d'eau plus considérable.

HALDY ET Cie,
Hauts-Fourneaux.

Anzin, le 7 décembre 1866.

Le Directeur des chantiers et ateliers de la Compagnie des Mines d'Anzin certifie que trois pompes du système de MM. NEUT ET DUMONT ont été employées pour l'épuisement des eaux de deux puits en percement sur le territoire de la commune d'Haveluy.

Deux de ces pompes, fonctionnant à la vitesse de 700 tours, ont extrait, pendant plusieurs jours, 7,200 hectolitres d'eau à l'heure, avec une aspiration qui a varié de 7 à 9 mètres et un refoulement de 3 mètres.

L'application des pompes centrifuges, dans ce cas spécial, a été très-utile et très-économique.

DÉSIRÉ PARENT.

Vu et certifié par le Directeur général de la Compagnie d'Anzin,
C. DE MARSILLY.

Compagnie des Mines de Nœux, près Béthune, le 24 septembre 1863.

MESSIEURS L. NEUT ET L. DUMONT.

Nous nous faisons un plaisir de vous déclarer que votre pompe fonctionne toujours parfaitement bien.

Elle est mise en mouvement au moyen d'une courroie passant sur le volant de notre grue locomobile et nous donne environ 10 à 11 hectolitres d'eau par minute.

Nous estimons que vos pompes sont appelées à rendre de grands services à toutes les industries qui exigent une quantité d'eau considérable.

POTAUX.

Marquise, le 10 mars 1864.

MESSIEURS L. NEUT ET L. DUMONT.

La pompe centrifuge que vous nous avez livrée, il y a quelque temps, fonctionne très-bien ; nous en avons besoin d'une autre donnant un débit moindre, pour un autre point à desservir ; veuillez nous l'expédier immédiatement.

PINART ET Cie,
Hauts-Fourneaux.

Réhon, près Longwy (Moselle), le 30 octobre 1866.

MESSIEURS L. NEUT ET L. DUMONT.

Nous avons le plaisir de vous informer que la pompe centrifuge que vous nous avez fournie et que nous avons utilisée pour épuisement a parfaitement rempli le but auquel elle était destinée.

L'Agent comptable,   *Le Régisseur,*
C. ST.-AMANT.   P. HELSON.
Hauts-Fourneaux de la Providence.

ENTREPRENEURS DE TRAVAUX PUBLICS, INDUSTRIES DIVERSES.

Paris, le 21 décembre 1866.

MESSIEURS L. NEUT ET L. DUMONT.

Nous profitons de cette occasion pour vous dire que nous avons été satisfaits des résultats obtenus par la pompe que vous nous avez vendue, elle a parfaitement suffi à nos épuisements.

COURTY ET LACHAUD,
Entrepreneurs.

Montmorency, le 25 mars 1866.

MESSIEURS L. NEUT ET L. DUMONT.

Je m'empresse d'attester que votre système de pompes d'épuisements est appelé à rendre de très-grands services aux travaux hydrauliques.

D'une puissance considérable, faciles à placer, vos pompes ont l'avantage d'assurer un étanchement permanent. Pour notre compte, depuis quatre mois que vos pompes fonctionnent dans nos chantiers d'Epinay, jour et nuit, où elles enlèvent 600 à 700 mètres cubes d'eau par heure, elles n'ont pas encore nécessité une minute d'arrêt pour leur réparation ou leur amorcement.

Nous ne pouvons que les recommander à MM. les Industriels et notamment à MM. les Ingénieurs.

HENDEBERT,
Inspecteur de la Cie. des Eaux de Montmorency.

Cette, le 19 janvier 1867.

MESSIEURS L. NEUT ET L. DUMONT.

Je possède votre lettre du 16 courant, et viens vous informer que je suis très-satisfait de vos cinq pompes. Il est probable que je vous en commanderai encore deux autres semblables aux plus fortes, mais ce ne sera qu'un peu plus tard.

CHARLES RAYNAUD,
Entrepreneur des travaux du canal de St.-Louis.

Hâvre, 13 octobre 1865.

MESSIEURS L. NEUT ET L. DUMONT.

Votre pompe remplit parfaitement mon but et je ne comprends pas qu'on emploie encore les anciennes pompes à piston, qui coûtent très-cher et sont sujettes à beaucoup d'usure.

LANGER ET Cie.

Duttlenheim, le 20 mars 1867.

MESSIERS L. NEUT ET L. DUMONT.

Votre pompe centrifuge fonctionne bien depuis le mois d'octobre.

BLOCH ET SES FILS,
Fabricants de Glucose incolore.

Tourcoing, le 25 mars 1867.

MESSIEURS L. NEUT ET L. DUMONT.

Je suis toujours très-satisfait du fonctionnement de la pompe centrifuge que vous avez montée chez moi.

Vous avez dû, du reste, vous en apercevoir indirectement, car plusieurs brasseurs sont venus déjà me demander des renseignements à ce sujet et se sont décidés, sur ceux que j'ai pu leur donner, à vous en commander.

TAFFIN-BINAULD,
Brasserie St.-Arnould.

LISTE DES PRINCIPALES APPLICATIONS.

MINISTÈRE DES TRAVAUX PUBLICS.

MM.		Nombre d'appareils
ADMINISTRATION des Ponts-et-Chaussées	Lyon	2
ARON, ingénieur des Ponts-et-Ch.	Calais	2
BERNARD, id	Marseille	5
BERTIN, id	Douai	4
BOURDELLES, id	Lorient	1
CANAL SAINT-LOUIS	Saint-Louis	6
DESCOMBES, ingénieur des Ponts-et-Chaussées	Tours	1
FLAMENT, id	Arras	2
GUILLON, id	Amiens	1
HARDY, id	Bône (Algérie)	1
INGÉNIEUR du Chemin de fer de Perpignan à Port-Vendres	Port-Vendres	7
JUNDT, ingén. des Ponts-et-Ch.	Mulhouse	2
LAVOINNE, id	Dieppe	1
LEFERME, id	Saint-Nazaire	2
LERMOYER, id	Cambrai	2
LEMAITRE, id	Lille	1
MALBE, ingénieur des travaux hydrauliques à l'arsenal de	Toulon	1
MENCHE DE LOISNE, ingénieur des Ponts-et-Chaussées	Lille	3
OLIVIER, ing. des Ponts-et-Ch.	Caen	1
PLOCQ, id	Dunkerque	1
QUAISAIN, id	Béthune	2

MINISTÈRE DES FINANCES.

MANUFACTURE Imp. des Tabacs.	Nancy	1
MANUFACTURE Imp. des Tabacs.	Tonneins	1

IRRIGATIONS. — ÉPUISEMENTS.

MM.		
ADMINISTRATION des Waettering.	Bourbourg	1
ADMINISTRATION des bains de mer	Boulogne	1
ANDRÉ, propriétaire	Anduze	1
ALDROPHE, architecte	Paris	1
BOUCHOT, architecte	Paris	1
BOUTRY, propriétaire	Pont-à-Marcq	1
CHAILAN FRÈRES	Alexandrie	12
CHARNAUD et Cie	Alexandrie	12
CHEILUS, propriétaire	Paris	2
COMPAGNIE universelle du Canal de Suez	Paris	3
COMPAGNIE du Chemin de Fer	Alexandrie	2
COMPAGNIE du Chemin de Fer d'Orléans	Aigrefeuille	2
COMPAGNIE du Chemin de Fer du Nord	Amiens	1

MM.		Nombre d'appareils
COMPAGNIE des Eaux	Arras	2
COMPAGNIE des Eaux	Montmorency	2
COMPAGNIE des Eaux	Cambrai	2
COMPAGNIE des Eaux	Lille	2
COMPAGNIE du Chemin de Fer de Séville-Xérès-Cadix	Séville	1
COMPAGNIE D'IRRIGATIONS	Cochinchine	2
COPIN et Cie	L'Escarpelle	1
CROMBEZ, propriétaire	Lancosme	1
DE CLERCQ, propriétaire	Oignies	1
DE LAFOSSE, propriétaire	Beooly	1
DETHIERE, architecte	Boulogne-s.-Mer	1
DIDIER, J. DERVIEUX et Cie	Alexandrie	23
DIRECTEUR du Pensionnat des Frères	Alexandrie	1
HEFFTY FRÈRES	Paris	1
IBRAHIM PACHA	Alexandrie	8
JORELLE et Cie	Alexandrie	19
JOUANNEAU, propriétaire	Paris	1
LUCOWITCH, propriétaire	Alexandrie	8
OURY, architecte	Épernay	1
S. M. le Vice-Roi d'Égypte	Alexandrie	14
SOCIÉTÉ pour favoriser le commerce et l'industrie	Paris	2
SOCIÉTÉ AGRICOLE	Alexandrie	17
TOUSSIN, propriétaire	Loos	1

ENTREPRENEURS DE TRAVAUX PUBLICS.

MM.		
ALAUX et CASTELNEAU	Dives	1
BATHIER et CANAPVILLE	Paris	1
BORELLE-LAVALLEY et Cie	Paris	8
BEUQUET	Colmar	1
BOIS aîné	Amiens	2
BROUSSEL	Saint-Omer	1
COURTY et LACHAUD	Boulog.-s.-Seine	4
DEBORD	Argelès-sur-Mer	7
DESMONS et Cie	Nantes	1
GODIN	Lille	3
GRUYELLE	Lille	3
HOUSSEAU	Cepoy	1
LANGLADE et Cie	Arles	1
LESPILLEZ	Lille	1
MARCHAND et LEROUGE	Montmorency	2
QUAINTAINE	Lille	4
RENAUX FILS	Rouen	1
REYNAUD	Cette	6
ROBERT, LÉTENDART et Cie	Dunkerque	1
TIDEAU et ROUSSEAU (bains flott.)	Bordeaux	

SUCRERIES & DISTILLERIES.

MM.		Débit en hectol. à l'heure.
AUBINEAU (H. et J.), Sucrerie..	Ciry-Salogne ..	250
AUGE-COLIN..........	Gevigney....	250
BACHOUX et Cie.....	Francières ...	1200
BAYARD DE LA VINGTRIE....	Chauny.....	1500
BERNARD FRÈRES.......	Plagny.....	1200
BERNARD FRÈRES.......	Santes.....	250
BERTIN et Cie.........	Roye......	450
BLANCHART et Cie......	Bernes...	600
BOCQUET et Cie.......	Pontru....	250
BOUCHÉ et Cie........	Ravenel...	600
BOURDON et Cie.......	Rémy....	450
BRACQ (A.).......	Vendegies...	250
BRAME (Léon).......	Grenay....	250
BONZEL.......	Haubourdin...	450
CAILLIATTE et Cie......	Mailly.....	600
CAMBIER FRÈRES.......	Lambres....	450
CÉZARD (L.).......	Chantenay...	250
CLAEYSSENS-RICHEBÉ.....	Wambrechies..	450
COMPANA PANA REFINAR AZUCAR	Callao....	250
CORBLET et Cie.......	Rue......	600
CORBLET et Cie.......	Montreuil-Verton	600
CORDIER et Cie.......	Proyart....	600
CUILLIER, GIROUD et Cie...	Douai....	450
CUNGNIEZ et Cie., Sucrerie...	Autremencourt.	1200
DE BEFFROY et Cie......	Oisy.....	1200
DE BEFFROY et Cie......	Villers-les-Guise	600
DECROIX, BELSEUR et Cie...	Crépy-en-Laonn.	250
DECROIX-VIEVILLE et Cie...	Chevresis...	1200
DEHOLLAIN et Cie., Sucrerie..	Cambrai...	450
DELAHANTE et Cie.......	Tournus...	1200
DELCOURT.......	Sancourt...	600
DELAUNE (A.).......	Seclin....	250
DELECOURT.......	Boisleux...	450
DELGUTTE (Victor) et Cie...	Saint-André.	1200
DELLISSE-ENGRAND.....	Béthune..	250
DELLISSE et Cie.......	Annay-s.-Lens.	250
DELLOYE et Cie.......	Iwuy...	800
DE MOT.......	Arleux....	600
DERMENGHEM et Cie.....	Lillers....	1200
DERMIGNY, COQUIN et Cie...	Cortigny...	1200
DERVAUX-LEFEBVRE, Sucrerie.	Warguies-le-Gr.	1200
DESMAREST, VERVEL et Cie., Sucrerie.........	Coudun....	600
DEVIOLAINE, DECROIX, LEGRU et Cie....	Vauciennes...	600
DUCHARON, Sucrerie.....	Pierrefonds...	600
DUFFIÉ FRÈRES, Sucrerie...	Braisne....	1800
ENNUYER et Cie.......	Mons-en-Cb..	250
FIÉVET.......	Masny....	1200
FIÉVET et Cie.......	Sin...	600
FRÈRE et Cie.......	Attigny....	250
GAMOT-DECROMBECQUE.....	Gosnay....	1200
GODEAUT, Sucrerie.......	Onnissy....	600
GODIN et Cie., Sucrerie...	Cuincy....	1200
GOFFART et CHARTIER, Sucrerie	Montay...	600
GONDREXON (A.) et Cie....	Comines....	1800
HAENTJENS et Cie., Raffinerie.	Le Hâvre...	1200
HALLETTE et Cie.......	Câteau....	1200
HAMOIR, BOURSIER et Cie...	Soultain...	1200

MM.		Débit en hectol. à l'heure.
HANON, Sucrerie..	Nœux....	250
HETTE et Cie........	Bresles....	250
HONORÉ et Cie........	Autrêches..	600
HOUVENAGHEL (G.).....	Salomé....	450
JACOTIN et Cie., Sucrerie.	Rethel....	250
KUHLMANN et Cie.......	Corbehem...	1200
LALLOUETTE (A.).......	Nesle....	600
LALLOUETTE et Cie., Sucrerie.	Barbery....	600
LECOUFFE et Cie. Sucrerie..	Lières...	250
LEGRU....	Vendhuille...	1200
LEGRAS MIDELET et Cie., Suc.	Laon.....	600
LEROY et Cie........	Hem-Monacu.	600
LINARD....	St-Germain-M.	450
LINARD....	Auffay...	2200
LINARD....	Montcornet.	1200
MAGNIEZ FILS et Cie....	Revélon...	1200
MANUEL et Cie....	Dijon...	600
MASSION, ROZIER et Cie..	Nantes....	2500
MAUDUIT DE FAY, Sucrerie.	Marleville...	250
MENARD et Cie....	Solesmes...	1800
MILLON (A.) et Cie......	Chauny...	1200
MIROUX, MENTION, CAUVEZ et Cie....	Tergnier....	1200
MOLINOS et Cie., Sucrerie...	Tavaux....	600
MORLET et Cie., Sucrerie...	Genermont...	450
MOTTEZ....	Saint-Amand..	450
OGER et Cie........	Bertaucourt.	1200
OUTREBON (C. et A.)....	Béthune...	250
PERRIER et Cie.......	Paris......	250
PICOT et Cie.......	Somain.....	1200
PILAT FRÈRES, Sucrerie...	Brebières...	1200
PILLORE, BERTIN et Cie., Suc.	Vic-sur-Aisne..	600
PORION....	Wardrecques..	250
QUAREZ, Sucrerie....	Bioches.....	1200
QUAREZ et Cie.......	Le Theil....	600
RAFFINERIE NANTAISE....	Nantes...	1200
RÉGIS-BOUVET FRÈRES....	Paris....	250
RÉGIS-BOUVET FRÈRES....	Aiseray....	600
SANTERRE....	Soissons....	450
SEMAL et Cie., Sucrerie....	Saint-Waast.	250
SENECHAL et HANON....	Chocques....	450
SERBONNE et Cie.......	Mitry...	1200
SIMON, Sucrerie.......	Aux Puisards..	450
SUCRERIE....	Louvres....	600
TESSE et Cie., Sucrerie...	Quernes....	250
THÉRY....	Athies....	600
THÉRY (Emile)....	Seraucourt...	1500
TILLOY-DELAUNE....	Courrières...	450
TRÉCA FRÈRES, Sucrerie...	Neuvireuil...	600
VASSAL (Guillaume)....	Charleville...	800
VERLEY-CHARVET et FILS.	Quiestède...	600
VERLEY FRÈRES....	Haubourdin..	600
VERZIER....	Orchies...	250
VIEVILLE-LUZIN, Sucrerie..	Pouilly.....	1200
VILLERS et LUTUN.......	Frelinghien..	450
WAROQUIER et Cie., Sucrerie.	Charleville...	600
WATTEAU-BELIN, Sucrerie...	Marle.....	1800
WAYMEL et Cie.......	Haubourdin..	250
WOUSSEN, Sucrerie.....	Houdin....	600
YOSBERGUE....	Lambres....	800

FILATURES, TISSAGES & PEIGNAGES.

MM.		Débit en hectol. à l'heure.
ADAM aîné et Cie., draps	Limoux	600
BELLEST-BENOIT et Cie, draps	Elbeuf	450
BERTRAND, frères	Bischwiller	600
BERTRAND-MILCENT	Cambrai	250
CAZANAVE-SABATIER	Carcassonne	450
COEVOET, frères	Lille	250
COMER et Cie., filateurs	Arques	600
COMPAGNIE LINIÈRE	Pont-Remy	450
CRESPEL-DESCAMPS	Lille	1200
DANOS fils et Cie	Albi	600
DANSET, frères	Marcq	600
DAUPHINOT frères	Reims	250
DEFFRENNES-DUPLOUY frères	Lannoy	600
DELATTRE (Carlos) peignage	Roubaix	1200
DELCOURT et Cie	Lille	250
DELÉCAILLE	Armentières	925
DELECROIX	Lille	250
DELESALLE (Alfred)	La Madeleine	600
DELLOYE-LELIÈVRE, filateur	Cambrai	250
DERVAUX-LAMON et Cie	Tourcoing	250
DETRAUX-BOUQUILLON et Cie	Arques	250
DOBLER, WARNERY et MORLOT	Tenay	600
DOLLFUS-MIEG et Cie	Mulhouse	1200
DROULERS et AGACHE	Lille	250
DRUMOND, BAXTER et Cie	Lille	250
FOUAN et DUCHÈNE, peignage	Tourcoing	600
GRASCH et LOUP, draps	Castres	600
GROS, ODIER, ROMAN et Cie	Wesserling	1800
HEIMPEL, ERNST et Cie., filat.	Bischwiller	250
HOLDEN (Isaac) et fils	Croix	1200
HOLDEN (Isaac) et fils	Reims	250
HOUPIN-MONGRENIER	Reims	1200
JACQUOT, RENNESSON, RAVAUX et Cie	Fourmies	250
JOUBERT, BONNAIRE et Cie, filat.	Angers	250
KABLÉ	Bischwiller	250
KUNZER, draps	Bischwiller	1200
LEPOUTRE, DUHAMEL et Cie	Tourcoing	450
LION et Cie	Elbeuf	2500
LORENT et DUFOUR	Armentières	1200
MAUREY et ARON	Ban de Haguenau	600
MERVEILLE et Cie	Thumesnil	600
MORTELECQUE et BÉGHIN	Hantay	250
NORMANT frères	Romorantin	250
PELLETIER frères	Elbeuf	600
PETITVILLE, fabricant de draps	Bischwiller	600
POUCHAIN (Victor)	Armentières	450
PAUCHET jeune	Douai	250
POUSSIN et fils	Louviers	2500
RYHINER et fils, filateurs	Bâle	250
ROUSSELLE (F.)	Roubaix	1200
SCHEPPERS frères	Saint-Étienne	7200
SCHERDING	Bischwiller	1200
SCHEURER-ROTT, draps	Thann	250
SCHEURER et TEMPÉ, draps	Colmar	250
SCHWEBEL et SCHMIDT, draps	Bischwiller	1200
SCRIVE (J.) et fils	Lille	600

MM.		Débit en hectol. à l'heure.
TAILLIAR et BARBRY	Saint-André	250
THIÉRY-MIEG et Cie	Mulhouse	600
VINCHON (A.) et Cie	Roubaix	250
WALLAERT frères	Lille	1200
WAGNER et MARSAN, filature	Reims	450
WEDER	Haguenau	600

BLANCHISSERIES, TEINTURERIES & FOULONS

MM.		Débit en hectol. à l'heure.
BÉGHIN-DUFLOT	Armentières	600
BELLEVILLE et MARTIN	Elbeuf	1200
BENAUX frères	Quesnoy	1200
BLAY frères, teinturiers	Elbeuf	250
BRABANT-HUREZ et fils	Cambrai	2500
CAMBLAIN-BOUTRY, blanchisser.	Armentières	250
CHANU et Cie., teinturiers	Wasquehal	250
CHAVOIN	Saint-Étienne	600
COLLIN-DENIS et fils	Aubenton	600
CORNÉLIS frères et Cie	Saint-André	600
DASSONVILLE	Halluin	600
DECHAUX frères	Vienne	250
DELAMOTTE et FAILLE	Reims	600
DELÉCAILLE	Armentières	250
DELREZ frères	Elbeuf	1200
DEHEN	Armentières	250
DESCAT	Lille	600
DESCAT frères	Flers	1200
DEVERLY	Saint-Quentin	600
DUBOS frères	Elbeuf	250
FLAVIGNY-CRABIT et Cie	Elbeuf	2500
FLEURY (E.)	Amiens	240
FRAENKEL	Elbeuf	250
GAYDET père et fils, teinturiers	Roubaix	
GRISON et Cie	Lisieux	250
HAEFFELY fils	Mulhouse	1200
HAMMACHER (C.-W)	Lille	4200
HOUPIN-MONGRENIER	Reims	1200
MALFAIT (J.) et Cie	Flers	1200
MALLET et Cie	Elbeuf	600
MAY et DEHAN	Elbeuf	1800
MERTZDORFF (Charles)	Vieux-Thann	2500
MILLIAND	Saint-Étienne	250
MOTTE (A.) et Cie	Roubaix	1500
PARENT (A.)	St-André-l-Lille	250
PAYEN (Ch.) teinturier	Reims	600
POIRET frères et neveu	Saint-Épin	1200
SIX, blanchisserie	Lille	
SOINS, père et fils, teinturiers	Lille	600
STALARS frères	Lille	7200
THÉOLIER	Saint-Étienne	600
TRIBOUT, foulons	Louviers	1800
VANDEWINCKÈLE et ALSBERGE	Armentières	600
VANDEWINCKÈLE père et fils	Halluin	1200
VÉDLES et Cie., teinturiers	Clichy	250
VILLET et RENARD	Lyon	1200
WALLAERT frères	Santes	1200
WALLERAND et Cie	Cambrai	600

CONSTRUCTEURS - MÉCANICIENS.

MM.		Nombre d'appareils
BAUDON Fils	Lille	1
BARBIER-DAUBRÉE	Clermont-Ferrant	1
BECQ (veuve) et Léon QUILET	Elbeuf	20
BOISSIER (Pierre)	Grenoble	1
CAIL et Cie	Douai	8
CAIL (J.-F.)	Denain	2
CAIL (J.-F.)	Paris	6
CHAMBOVET	Nice	2
CLOSSON et Cie	Reims	1
COCHOT	Paris	1
COMBE	Lyon	2
DELAUNAY	Seclin	1
DELAYE-DURY et J. SIDUT	Amiens	1
DESPLECHIN	Lille	3
DEVILDER	Cambrai	4
DONNET, Ingénieur civil	Lyon	10
DURENNE	Courbevoie	2
FARINAUX (I. veuve) et Fils	Lille	6
FARJON	Barbezieux	1
FLAUD (H.)	Paris	3
FREY Fils	Paris	5
HIDIEN	Châteauroux	1
HERMANN et Cie	Paris	1
JOLY et CAMUS	Compiègue	1
LEBANNEUR et Cie	Douai	1
LECLERQ (Fabius)	Amiens	3
LECOINTE Frères et VILLETTE	Saint-Quentin	1
Le Fils de B. MILLOT	Gray	1
LEGAL	Nantes	3
LEGAVRIAN et Fils	Lille	4
LEGRIS	Maromme	1
LEPLANT et Ed. CUVILLIER	Arras	2
LEQUEU	Louviers	1
MAINÉ et Cie	St.-Pierre-l.-Cal.	3
MARIOLLE-PINGUET	Saint-Quentin	1
NASSIVET et Cie	Nantes	1
OHL, mécanicien	Bischwiller	1
PARENT, SCHAKEN et Cie	Lille	1
PÉCARD	Nevers	1
QUILLACQ (L.-A.)	Anzin	1
SCHABAVER et FOURÈS	Castres	3
SÉRAPHIN Frères	Paris	1
THIBEAUT et LOCOGE	Lille	14
WELTER (J.)	Mulhouse	4
WINDSOR et Cie	Rouen	4

PAPETERIES.

MM.		Débit en hectol. à l'heure.
Ch. BALL	Pont-Audemer	1200
BICHELBERGER et Cie	Clairefontaine	450
CHAUVEAU	Angoulême	1800
COSTE	Castres	600
DE GONSALVEZ (V.) et Fils	Villagordo (Esp.)	600
DESLOYE et Cie	Plancher-Bas	250
DUFRENNE et Cie	Chauny	600
FIRMIN DIDOT Frères et Fils	Sorel	600
FIRMIN DIDOT Frères et Fils	Mesnil-s.-l'Estrée	600
MICHELE VARETTO	Au Mothi, p.Turin	500
PAPETERIES de Gentivalet Mainboitel	Gentival	450
PAPETERIE NATIONALE	Val Vernier	250
PAPETERIE DE REICHSHOFFEN	Reichshoffen	
PEYRON Frères	Vizile	1200
RAPEAUD	La Charite	900
SCRIVE (D. et A.)	Marcq	250
TACUSSEL	Vaucluse	250
VERNY et Fils	Aubenas	600
VERSCHAVE aîné	Lambres	250

MINES & HAUTS - FOURNEAUX.

MM.		Débit en hectol. à l'heure.
BOIGUES-RAMBOURG et Cie	Torteron	1200
COMPAGNIE des Mines d'Anzin	Denain	2000
COMPAGNIE des Mines d'Anzin	Anzin	1200
COMPAGNIE des Mines de charb.	Vicoigne et Nœux	600
COMPAGNIE des Fours à coke de Gayaut	Douai	1500
FORGES D'AUBIN	Aubin	1800
FORGES et FONDERIES de la Risle	Pont-Audemer	900
FORGES et FONDER. de l'Horme	L'Horme	2500
HALDY et Cie	Sarrebruch	600
HALDY-RŒCHLING et Cie	Pont-à-Mousson	250
HAUTS-FOURNEAUX de la Providence	Haulmont	2500
HAUTS-FOURNEAUX de la Providence	Longwy	900
HAUTS-FOURNEAUX et FORGES de Denain et d'Anzin	Anzin	450
HOUILLÈRE de Rulbe	Rulbe	1200
PINART et Cie., Hauts-Fourn.	Marquise	450
SOCIÉTÉ ANONYME des Forges et Fonderies	Montataire	250
VERDIÉ et Cie., Forges de	Saint-Étienne	450

INDUSTRIES DIVERSES.

MM.		Débit en hectol. à l'heure.
Ch. BLOCH et ses Fils, Glucoses	Duttlemheim	450
CARBONNIER, Carr. de Pierres	Marquise	450
COMPAGNIE d'Éclairage et de Chauffage par le gaz	Saint-Étienne	250
DE TINSEAU, Carr. de Pierres	Saint-Ylie	1800
DRAGO, usine à schiste	Autun	600
FABRIQUE DE PRODUITS chim.	Chauny	250
GOUDÉ, Cond. des Ponts-et-Ch.	Romorantin	900
KESTNER	Thann	250
KUHLMANN et Cie	Lille	250
KUHLMANN et Cie	Loos	600
LAMETZ, Fab. de Prod. chim.	Metz	250
LANGER, Rizerie	Le Hâvre	250
LEROUX, Brasseur	Saint-Quentin	600
LIÉNARD, Brasseur	Seclin	600
LUZZANI	Reims	450
MASSON Frères	Jessains	250
MULLIER-DUCHATELET, Brass.	Roubaix	450
SCRIMPF, Brasseur	Lyon	250
TAFFIN, Brasseur	Tourcoing	600

TABLEAU

donnant le prix et le débit des pompes à force centrifuge.

DÉBIT DES POMPES.				TRAVAUX auxquels la pompe peut être employée.
LITRES par seconde.	HECTOLITRES par minute.	MÈTRES CUBES par heure.	PRIX.	
2 1/2 à 3 1/2	1 1/2 à 2	6 à 12	250 fr.	
5 à 7	3 à 4	18 à 24	350	Filatures de lin et de coton, teintureries, blanchisseries, foulons, brasseries, distilleries, sucreries, papeteries, amidonneries, produits chimiques et manufactures en général, alimentation des villes, établissements de bains et lavoirs, forges, hauts-fourneaux.
8 à 10	5 à 6	30 à 36	400	
10 à 13	6 à 8	36 à 48	450	
17 à 20	10 à 12	60 à 72	500	
20 à 25	12 à 15	72 à 90	650	
25 à 33	15 à 20	90 à 120	750	
33 à 42	20 à 25	120 à 150	1,000	
50 à 70	30 à 40	180 à 240	1,200	Ponts-et-chaussées, travaux hydrauliques, docks, batardeaux, canaux, et travaux publics en général ; drainage, irrigations, dessèchement de marais, etc.
80 à 100	50 à 60	300 à 360	1,500	
130 à 170	80 à 100	480 à 600	2,000	
200 à 250	120 à 150	720 à 900	2,500	
330 à 400	200 à 250	1,200 à 1,500	3,500	
500 à 600	300 à 350	1,800 à 2,000	4,500	

Les pompes à deux paliers subissent une augmentation de prix.

On trouve toujours en magasin des pompes de toutes puissances prêtes à livrer.

Sur commande, on fait des appareils d'un débit beaucoup supérieur et pouvant aller jusqu'à 5,000 mètres cubes à l'heure.

Pompe établie sur puits

Tous les industriels ont reconnu les avantages de cette pompe et l'ont généralement adoptée. Ayant besoin de quantités considérables d'eau, il était très-important pour eux d'être pourvus d'un engin qui leur en fournit en abondance et dans les conditions les plus économiques.

Les fabricants de sucre, distillateurs, blanchisseurs, teinturiers, et les fabricants de produits chimiques, ont également reconnu qu'une pompe se mouvant sans bruit, exempte de frottement et de corrosion, était celle qui répondait le mieux à leurs besoins.

Dans les établissements où l'eau doit être élevée à de grandes hauteurs et refoulée à de grandes distances, notre pompe à force centrifuge remplace les volumineuses pompes ordinaires. *Elle fonctionne à l'abri des influences de la température des liquides, qui, chauds ou froids, circulent dans la même pompe sans l'altérer.* Cette propriété est d'autant plus avantageuse, que le liquide est amené aux réservoirs dans bien moins de temps que par l'emploi des pompes ordinaires.

N'ayant aucun organe délicat (tels que clapets, pistons, garnitures, etc.) qui puisse se détériorer et empêcher ou entraver sa marche, elle remplace avec un avantage incontestable tous les appareils employés dans les sucreries et distilleries pour l'élévation des jus, mélasses, etc.

Disposition d'une machine avec pompe montées sur bateau-ponton, pour travaux d'épuisements en mer et en rivières.

MM. les ingénieurs, constructeurs, entrepreneurs, etc., apprécieront au premier coup-d'œil les avantages particuliers qui résultent de l'emploi pour de grands épuisements en mer et en rivières, d'une pompe portative, facile à déplacer, exempte de frottement, de construction simple, solide, durable, et dont le fonctionnement ne peut être entravé par quelque cause que se soit.

L'immense mérite de cette pompe, employée à ces divers usages, consiste dans le facile écoulement qu'elle permet à la boue épaisse, au sable, au gravier, sans que le passage de ces corps étrangers puisse altérer le mécanisme de l'appareil ou en arrêter le mouvement.

Cette propriété que possède la pompe centrifuge, de faciliter le passage des corps étrangers établit sa supériorité sur tous les autres systèmes.

En effet, le passage de ces corps mêlés à l'eau dans les pompes ordinaires détermine leur rapide détérioration et leur mise hors de service; notre appareil est si heureusement combiné, qu'il permet, sans perturbation dans son organisme, le libre passage à des corps de 4 à 5 centimètres de diamètre.

Tous ces avantages justifient l'opinion de MM. les Ingénieurs sur la simplicité, l'utilité, l'économie et l'incontestable supériorité de notre pompe.

RÉSULTATS D'EXPÉRIENCES.

La puissance et l'excellence de nos pompes devaient se constater d'abord par le chiffre élevé du rendement ; or, un procès-verbal d'expériences faites à Épinay sous la direction de M. Léon Le Verrier, ingénieur des mines, prouve qu'il a dépassé les espérances des ingénieurs, qui se seraient contentés du rendement maximum des meilleures pompes centrifuges. Le modèle soumis aux essais avait les dimensions suivantes : Diamètre intérieur de la turbine ; $0^m,300$; diamètre extérieur, $0,250$; diamètre des orifices d'aspiration et de refoulement, $0,250$; hauteur d'aspiration, $4^m,20$; hauteur de refoulement, $1^m,30$; hauteur totale d'élévation, $5^m,50$. Le mouvement était donné par une machine locomobile ; la commande avait lieu au moyen d'une courroie embrassant le volant de la machine et d'une poulie calée sur l'axe de la turbine ; le rapport du diamètre des deux poulies était de 5 à 1. La quantité de travail fournie par la machine motrice, mesurée au moyen du frein de Prony, s'est trouvée de dix-huit chevaux, 57, à la pression moyenne de cinq atmosphères. La quantité d'eau élevée à cette même pression, jaugée avec le plus grand soin , et qui était de **138** litres par seconde, correspondait à un travail de

759 kilogrammètres ; celui de la vapeur, calculé d'après l'expérience au frein qui se rapprochait le plus , à 1,326 kilogrammètres ; l'effet utile est donc de 57 1/2 p. 0/0, chiffre magnifique et qui n'a jamais été dépassé. Le nombre de tours a été en moyenne de 500 par minute, et l'on a constaté qu'au-delà le débit de la pompe n'augmentait plus. M. Le Verrier croit qu'en portant le diamètre des tuyaux d'aspiration et de refoulement de 0^m25 à 0^m30 dont le développement était de plus de 10 mètres , on réduirait assez la perte de charge pour augmenter l'effet utile de 3 à 4 p. 0/0.

Mais ce qui prouve plus encore que des chiffres l'excellence de notre pompe, c'est la faveur extraordinaire avec laquelle elle a été accueillie par toutes les industries, travaux publics, manufactures, irrigations, épuisements, sucreries, distilleries, filatures, blanchisseries, teintureries, papeteries, mines et hauts-fourneaux, etc. Rien , au reste, ne donne une plus haute idée de la supériorité incontestable de notre système que ce simple fait :

Nous avons livré en trois années quinze cents pompes centrifuges d'un débit variable de 2 à 230 hectolitres par minute, tandis qu'avant nous, de 1851 à 1863 on comptait à peine dans toute la France cinquante pompes centrifuges fonctionnant plus ou moins bien.

Emploi continu des eaux chaudes de condensation par l'application des pompes à force centrifuge à l'élévation de ces eaux sur le bâtiment de graduation à fascines.

Cette application a rendu les plus grands services dans les manufactures et notamment dans les sucreries du nord de la France. La cuite dans le vide exige d'énormes masses d'eau qu'il importe de refroidir dans le plus court temps possible pour les faire servir d'une manière continue. Dans beaucoup de localités on était forcé de renoncer aux bénéfices que procurent les machines à condensation, parce que l'eau destinée à les alimenter manquait complétement, ou se trouvait à une profondeur trop considérable. Mais si on associe à un bâtiment de graduation à fascines (*fig.* 4, système Dumoulin), une pompe centrifuge qui élève l'eau chaude

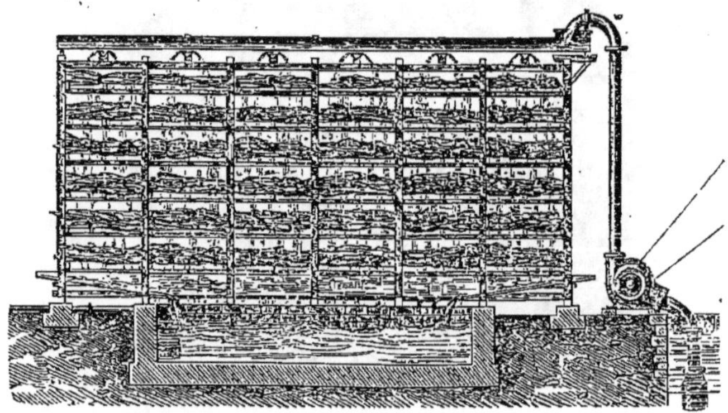

de condensation et la déverse par des canaux sur des brindilles qui la divisent et la mettent très-divisée en contact avec l'air ambiant, elle se refroidira presque subitement, et pourra servir de nouveau. L'expérience a prouvé qu'il suffit d'un espace de 5 mètres carrés pour refroidir un hectolitre d'eau par minute, de sorte qu'avec un réfrigérant de 10 mètres de côté et une pompe de 10 à 20 hectolitres par minute, on peut ramener à la température de l'atmosphère 2000 litres d'eau chaude par minute ou 1,200 hectolitres à l'heure. Plus de cinquante établissements importants ont déjà adopté cette installation qui procure une économie énorme.

Pompes mues par manége.

La régularité du travail dans la pompe à force centrifuge la rend éminemment propre à être mise en mouvement par un manége. Le travail des animaux est constant, et l'on évite complètement les points morts et les secousses qui se produisent avec les pompes à piston, même lorsque l'on emploie deux ou trois corps de pompe.

Le manége ci-dessous a ses axes principaux disposés verticalement, ce qui a

pour effet de diminuer considérablement les frottements ; il n'exige d'autre fondation que quatre pieux ; en outre, l'attelage solidaire oblige chaque animal à produire son effort normal.

Le même manége convient indifféremment pour un, deux ou trois chevaux ou bœufs.

PRIX:

Manége complet avec pompe de 350 litres par minute et clapet. 1,150 fr.
    Id   id.   600   id.   id.   1,250
    Id.   id.   1,000   id.   id.   1,450

Les tuyaux ainsi que la courroie de transmission ne sont pas compris dans les prix ci-dessus.

Clapets pouvant se placer au-dessus de l'eau, et être facilement visités et nettoyés lorsqu'ils sont obstrués.

Nº 13.

Clapet vertical à regard.

Nº 14.

Clapet horizontal à regard.

Nº 15.

Clapet avec crépine.

Les figures 13 et 14 représentent des clapets disposés pour être intercalés dans une colonne d'aspiration ; hors de l'eau, ils sont munis de portes à charnière qui s'ouvrent avec la plus grande facilité ; ce qui en permet la visite sans avoir rien à démonter.

PRIX DES CLAPETS :

DIAMÈTRES.		Nº 13.		Nº 14.		Nº 15.	
50	millim.	Fr. 55	»	Fr. 70	»	Fr. 55	»
75	»	65	»	85	»	65	»
100	»	75	»	90	»	75	»
120	»	95	»	115	»	95	»
150	»	110	»	135	»	110	»
175	»	130	»	155	»	130	»
200	»	150	»	180	»	150	»
250	»	200	»	240	»	200	»
300	»	250	»	300	»	250	»
350	»	280	»	330	»	280	»

Tuyaux de conduite d'eau et de chauffage
à brides tournées et percées.

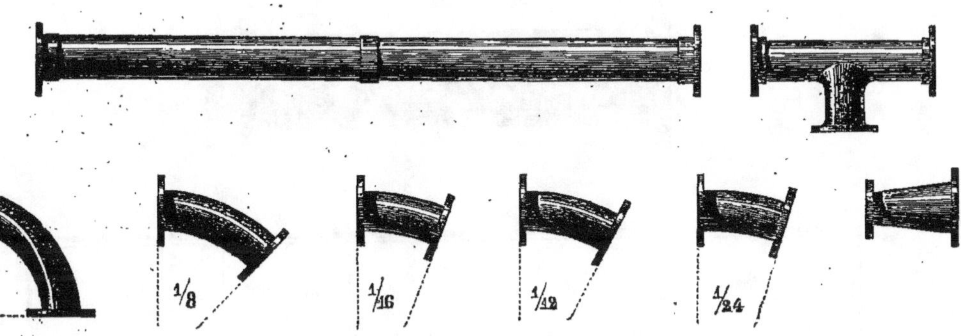

DIAMÈTRE INTÉRIEUR.	LONGUEUR COURANTE.	POIDS approximatif DU TUYAU.	POIDS du mètre courant.	PRIX par 100 kilog.	OBSERVATIONS.
55	1,50	18	12		Tous ces tuyaux sont essayés à la presse hydraulique.
70	2,00	38	19		
100	2,50	74	30		Moyennant 2 francs par tonne, nous nous chargeons d'y faire appliquer le poinçon de l'administration des mines.
120	2,50	82	33		
135	2,50	93	37		
150	2,50	112	45	Variable suivant l'importance de la commande.	
175	2,50	122	50		Les tuyaux de longueur non courante, les tuyaux à tubulures, ceux faits sur mesure, ainsi que les coudes, sont cotés à un prix spécial, variable avec la quantité et le poids.
200	2,50	150	60		
250	2,00	200	100		
300	2,00	230	115		

Tuyaux en fer galvanisé.

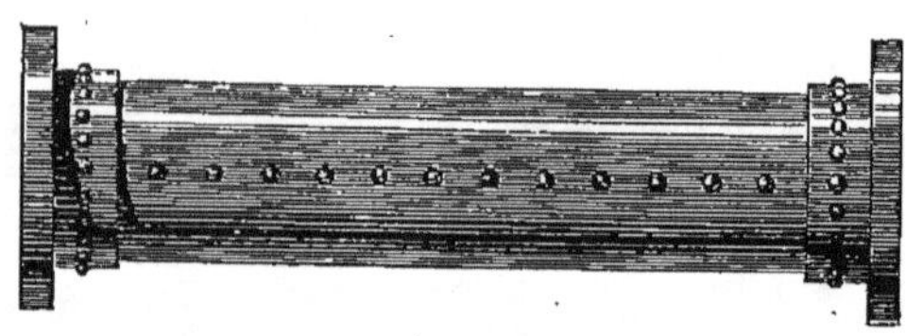

Diamètre intérieur ...	50	70	100	120	150	175	200	250	300	Milli-mètres
Prix par mètre courant .	7 50	11 »	15 »	18 »	22 »	27 »	32 »	45 »	52 »	Francs

Les tuyaux de moins de 2 mètres de longueur subissent une augmentation de prix